BERNARD RAQUIN

Choisir ses émotions

Le bonheur par la pratique émotionnelle

jouvence
EDITIONS

Du même auteur aux Éditions Jouvence

L'Analyse Transactionnelle au quotidien, 2004
La PNL au quotidien, 2004
Les styles de personnalité, 2004
Maîtrisez vos scénarios de croyances, 2004
La réconciliation, 2003
Ne plus se laisser manipuler, 2003
Pratique de l'auto-hypnose, 2002

Extraits du catalogue « Pratique Jouvence »

Nous arriverons à nous entendre !, Marshall B. Rosenberg, 2005
Vivre le temps autrement, Pierre Pradervand, 2004
Émotions, mode d'emploi, Christel Petitcollin, 2003
S'aimer tel que l'on est, Chantal Calatayud, 2004
Accepter l'autre tel qu'il est, Chantal Calatayud, 2004
La voie du cœur (coffret de 5 pratiques), Rosette Poletti & Barbara Dobbs, 2004

Catalogue Jouvence gratuit sur simple demande.
ÉDITIONS JOUVENCE
Suisse : CP 184, 1233 Genève-Bernex
France : BP 90107, 74161 Saint-Julien-en-Genevois Cedex
Site internet : **www.editions-jouvence.com**
E-mail : info@editions-jouvence.com

Maquette & mise en page : Éditions Jouvence
Dessin de couverture : Jean Augagneur

ISBN 978-2-88353-423-0

Sommaire

À noter

Il n'existe pas de théorie unique des émotions. Nous vivons 4 émotions principales, qui correspondent aux mouvements de base des êtres vivants : le *plaisir* (avancer pour découvrir ou partager), la *colère* (avancer pour attaquer), la *peur* (fuir) et la *souffrance* (être tétanisé).

Certains auteurs y incluent l'amour, le dégoût, la surprise, la panique ou la peine. Dans la vie courante, les émotions se subdivisent en centaines de nuances, mais nous en vivons principalement une douzaine.

Pour des raisons de simplicité, dans ce livre, le mot *émotion* recouvre aussi les sentiments, les ressentis et les humeurs.

Subir ou exprimer ses émotions

LES ÉMOTIONS colorent notre vie et permettent d'exprimer les différentes facettes de notre personnalité. Les vivre pleinement, c'est mener une existence intense… à condition de ne pas être emportés par elles. Souvent, elles facilitent la prise de décisions et nous aident à sortir des conflits internes. Elles influent aussi sur notre sentiment de bonheur ou de malheur, et nos orientations. Une grande partie des sagesses, des spiritualités et des thérapies, ancestrales ou modernes, consiste à les apprivoiser ou les contenir, pour atteindre l'équilibre psychologique.

Le monde extérieur se fait souvent l'écho du monde intérieur. Nous nous rapprochons des personnes éveillant les émotions que nous recherchons pour nous apaiser, nous rassurer, nous indigner ou nous faire plaisir. Celles-ci jouent aussi un rôle relationnel : les personnes irascibles, râleuses, hostiles, sont tenues à l'écart. On les invite moins, on les évite, on les critique dans leur dos. Alors qu'on fait fête à celui qui est toujours content.

Tout au long de l'existence, nos émotions sont nos fidèles alliées… ou nos pires ennemies. Chaque jour, elles donnent le ton de la journée. Allons-nous être gais, légers, emplis de curiosité, de bons sentiments ? Ou tristes, lourds, préoccupés et emplis de colère ? Qui va le décider : nous ? les événements ? les autres ?

Et si, loin d'en être les victimes passives, nous pouvions les choisir ?

C'est ce que propose ce livre : les connaître, les comprendre, mettre à jour leur structure, pour favoriser celles qui vous conviennent.

Une émotion est une information physique, qui permet de ressentir puis de donner du sens à ce que l'on vit. La plupart du temps, nous remarquons à peine celles qui nous traversent. Au rythme des pensées, au gré de ce que l'on entend ou voit, des stimuli les déclenchent. Par exemple, lire le journal ou regarder la télévision peut éveiller la colère, la tristesse, l'admiration, la compassion, etc. Une histoire de pompiers nous captive et nous aimons les soldats du feu. Un fait divers sordide nous choque et nous détestons ses auteurs. Un reportage sur un enfant sauvé nous émeut et nous compatissons. Un reportage sur les gaspillages publics nous énerve. Nous subissons aussi l'influence de la publicité, des chansons, des discours politiques, qui visent à nous faire réagir émotionnellement plutôt que rationnellement.

Nos émotions peuvent servir de boussoles. En général, quand l'une nous domine fréquemment ou qu'elle est disproportionnée, elle n'est pas suscitée par le présent, mais est réactivée du passé : un incident réveille en nous une empreinte inconsciente et s'empare des commandes. Les émotions sont ancrées, mémorisées dans l'inconscient, prêtes à surgir.

On peut identifier les émotions qui cherchent à s'exprimer lorsqu'on ressent de l'ennui. On se sent éteint, sans goût pour rien. Quel est le besoin insatisfait ? En général, le manque de désir vient du fait qu'on a trop désiré sans recevoir, ou qu'on était réprimé quand on désirait. On a assimilé le désir au déplaisir. Beaucoup de choses peuvent nous tenter et, comme le désir est inextinguible et inassouvissable, on peut passer sa vie à chercher à le combler... sans résultat.

Chercher à obtenir l'émotion souhaitée par d'autres moyens est une bonne approche. Nous progressons grâce aux obstacles et aux règles. Ce sont les limites qui donnent du sens et du plaisir : tous les jeux de société, tous les jeux individuels ou collectifs, toutes les formes de création le démontrent. L'épanouissement commence où commence la règle. Taper dans un ballon est lassant ; taper dans un ballon en n'ayant pas le droit de dépasser certaines lignes devient intéressant. Déplacer des pièces sur un damier est absurde ; en revanche, quand les règles sont précises, la passion et le plaisir jaillissent. Les contraintes nous construisent.

On peut également identifier les émotions cachées lorsqu'on ressent de la frustration. Celle-ci peut déboucher sur la déception, l'amertume, la colère. Alors qu'il s'agit d'un signal, qui incite à se demander ce qu'on pourrait faire ; quelque chose qui dépende uniquement de soi. La question « En quoi cela peut-il m'être utile ? » permet de sortir du sentiment de frustration et d'impuissance. En tournant notre regard vers l'avenir, nous mobilisons nos ressources et facilitons la création des chemins.

Gardons toutefois à l'esprit que nos émotions sont parfois mélangées ou se cachent les unes derrière les autres. Parfois, nous hésitons à les déclencher dans un sens ou un autre. Lorsqu'un ami nous fait une remarque hostile, nous en déduisons qu'il s'agit d'humour ou de taquinerie. Si c'est quelqu'un que nous n'aimons pas, nous prenons mal la même remarque. Parfois, un ami nous aide à réinterpréter des propos vexants, à prendre du recul.

Lorsque les émotions sont confuses, on peut chercher l'émotion principale ou la plus favorable à long terme.

On peut aussi les hiérarchiser en les écrivant sur de petits papiers, classés de 1 à 10.

La colère

La colère indique que le territoire est envahi, que les valeurs sont bafouées, qu'on est humilié ou victime d'une injustice. On connaît la blague de l'homme disputé par son patron, qui dispute sa femme ; celle-ci dispute son fils ; celui-ci dispute son chien, qui va mordre le facteur. Nous cherchons parfois des boucs émissaires, pour ne pas être confrontés à ce que nous ressentons.

La colère est naturelle et nous pouvons chercher un moyen de l'exprimer au mieux. Elle peut être favorable, si on la transforme en action. Par exemple, on peut se demander quelle serait la réaction la plus juste. On peut chercher d'autres situations, pour voir si nous réagissons habituellement de la même manière. Ainsi, on actualise ses émotions, on les rend mieux adaptées au présent. Le difficile, disait Aristote, n'est pas de se mettre en colère, mais de se mettre en colère au bon moment et envers la bonne personne.

Les émotions négatives expriment plutôt l'insatisfaction, les besoins psychologiques contrariés ou à satisfaire dans le futur. Si l'on ramène ces émotions négatives au besoin qu'elles expriment, il est souvent plus facile de les satisfaire. Exemple : Sarah est furieuse d'avoir raté le permis de conduire. Elle peut soit en vouloir à l'examinateur, soit accepter la réalité et décider de faire des progrès.

La peur

La peur avertit qu'on se trouve en terrain inconnu ou qu'un événement incontrôlable risque de se produire. En général, elle se transforme en magma indistinct qui paralyse la pensée.

Elle est indispensable pour notre sécurité. Une personne sans peur court de grands risques. Mais quand elle nous emprisonne, on peut la transformer en stress positif pour mobilier son énergie face à une difficulté à venir. On la découpe en plusieurs morceaux, sur lesquels on a prise. Par exemple, on guérit la plupart des phobies en changeant les représentations. La plupart des peurs que nous avions, enfants, ont disparu, par l'élargissement de nos interprétations : l'apprentissage les a anéanties.

Le plaisir

Le plaisir ne pose pas de problème. Sauf quand il met en danger ou risque de provoquer des tiraillements psychologiques. Les personnes dépendantes sacrifient le plaisir futur au plaisir immédiat : boulimiques, alcooliques, fumeurs d'herbe, joueurs, etc. On sort des conflits intérieurs en choisissant ce qui sera le plus profitable à long terme.

La souffrance

La souffrance peut amener à s'interroger sur le sens de la vie, pour trouver des voies plus justes. Après un deuil difficile, Isabelle mûrit et grandit, plutôt que de s'emmurer dans la douleur. Un ami policier, devant la mort d'un collègue, renonça à haïr pour ne pas s'embrumer l'esprit. Un licenciement, un revers de fortune ne sont pas des condamnations définitives, mais des crises à surmonter. Beaucoup réorientent leur vie, bifurquent dans une direction qui leur convient mieux. L'art d'être humain, c'est de transformer les impasses en chemins.

Nous agissons sur nos émotions en anticipant. Nous allons à une fête d'humeur guillerette. Nous nous présentons à un examen inquiets ou concentrés. La perspective d'appeler un ami nous enchante. Souvent, ce ne sont pas les événements futurs qui nous influencent, mais l'idée que l'on s'en fait.

Pensez à un moment dont vous vous réjouissez d'avance : vous déclenchez certaines sensations. Pensez à une corvée et observez votre respiration, vos commentaires intérieurs, vos sensations physiques.

Jean s'amuse à laver sa voiture avec les automates en plein air, Philippe déteste ce moment. Philippe adore cuisiner, Jean s'énerve vite quand il prépare le repas.

On peut réduire l'impact négatif de certaines obligations, en pensant à des choses agréables pendant qu'on les exécute. Certains mystiques ont considéré que tout était méditation et prière, y compris le ménage et les courses… Testez trois petites corvées en les vivant moins désagréablement : cirer ses chaussures, passer l'aspirateur, appeler sa vieille tante… Souvent, quand on *décide* de les vivre légèrement, elles s'allègent…

Identifier et orienter ses émotions

APRÈS LES AVOIR IDENTIFIÉES, nous pouvons souvent les réorienter. Si nous n'en maîtrisons que la moitié, nous pouvons tendre à en maîtriser les trois quarts. Il ne s'agit pas de les contrôler, encore moins de les museler, mais de les laisser s'exprimer au bon moment, pour la bonne raison, avec la bonne personne.

Admettons qu'une partie soit hors de contrôle, qu'elles me plaisent ou non. « Ce que je ne peux pas changer (race, époque, culture, environnement)... Ce que je peux changer en partie... »

Agir sur la partie qui dépend entièrement de nous est spectaculaire : le germe représente une faible part de l'œuf, le volant une faible part d'une voiture. C'est le rôle bénéfique du mental, capitaine de notre bateau, qui s'oriente en dépit des courants et vents contraires.

En observant la vie de certaines personnes qui se plaignent depuis des années, vous constaterez qu'elles ont l'impression de contrôler très peu de ce qui leur arrive, comme si elles étaient le jouet des événements. En revanche, vous connaissez des gens heureux de vivre. Comment font-ils pour susciter ou découvrir des bons moments ? Peut-être ont-ils une philosophie personnelle, une façon de voir les choses ?

Comment vous êtes-vous levé ce matin ? Quelle était votre humeur ? Vous souvenez-vous de vos rêves ? Aviez-vous l'estomac barbouillé ou léger ? Étiez-vous plein d'allant ou bloqué ? Souriant ou tendu ? Clair ou confus ?

En général, votre humeur, le matin, est-elle toujours la même ? Est-elle en rapport avec l'endormissement ? Est-ce fonction de l'heure du coucher ? Des discussions que vous avez eues avant de dormir ? Du programme de la télévision ? Du livre que vous êtes en train de lire ? De certaines préoccupations ?

Comment vous stimulez-vous pour vous lever ? Par l'odeur du café ? En vous raisonnant ? En bondissant hors du lit ? En vous étirant lentement ? En tâtonnant vers la douche ? Remarquez ce que vous vous dites, pour prendre une décision et pour déclencher une émotion capable de vous mettre en mouvement...

La plupart du temps, observer ses propres pensées suffit à retrouver le fil suivi par nos émotions. Pour se déclencher, celles-ci suivent un circuit tracé depuis longtemps. Un événement *(stimulus ou pensée)* sert de clé de contact, qui actionne le démarreur *(interprétation)* lequel, en envoyant des ordres en fonction des croyances, met en marche le moteur *(la décision)*.

Nos émotions passent par plusieurs étapes avant d'apparaître dans notre esprit ou nos comportements. Certaines sont larges comme des fleuves, d'autres ténues comme des ruisseaux. Aurélien se plaignait de ses mauvaises pensées. Il vivait dans un monde hostile, où rien n'était possible. Après avoir décidé de veiller à équilibrer ses pensées, il s'aperçut que le monde était moins hostile. Il put garder sa vigilance pour les moments où elle était justifiée.

Nous avons été conditionnés dans l'enfance. C'est inévitable et souvent positif. Au cours de notre éducation, nous avons reçu d'excellents conditionnements, dont nous ne nous plaignons pas : faire attention en traversant la rue, respecter les autres et la loi, éviter de se brûler ou de se blesser, ne pas se droguer, ne pas trop boire, se protéger la tête en cas de sport violent, aimer le travail bien fait, être honnête, etc. Tout ceci ayant pour but de nous éviter des émotions très désagréables (si les autres nous rejettent, si notre santé en souffre ou si la société nous punit pour des comportements illégaux). Pour beaucoup de gens, être honnête, consciencieux, ou avoir un bon esprit paraîtra naturel. D'autres, suite à leur choix, pourront être malhonnêtes, fainéants, méchants. Et nous apprenons, au cours de notre vie, d'autres comportements, qui deviennent invisibles car « naturels » : ne pas conduire après avoir bu, attacher sa ceinture, trier ses ordures, etc.

Quels que soient ces conditionnements reçus, nous avons la possibilité de les améliorer, de les faire évoluer, en fonction des adultes que nous sommes devenus. Subsistent en nous quelques vieux programmes qui provoquent des comportements hors d'usage, démodés, régressifs. Certains aspects de nous-mêmes sont bloqués dans le passé et réagissent trop vivement. Thérèse, 50 ans, en vient presque à trépigner quand on lui refuse quelque chose. Sans le vouloir, elle donne ainsi le pouvoir aux autres, qui peuvent la manipuler. Un peu comme si une partie d'elle-même avait toujours 3 ans.

Nos besoins ne sont pas les mêmes que quand nous avions 5 ans, 10 ans, 15 ans, 30 ans. Nos principaux désirs ont totalement changé. L'expérience a permis de modifier nos perspectives, nos rêves, nos projets. Nous sommes en évolution toute notre vie ; il s'agit de garder les émotions qui nous conviennent, réduire celles qui nous déplaisent, élargir celles que nous voulons développer.

En interprétant la réalité, séparez le fait et le commentaire, la situation et l'opinion, pour vous permettre de sortir des émotions automatiques. Accordez-vous le droit d'être surpris par ce que vous ressentez. Soyez aussi attentif aux émotions cachées les unes derrière les autres.

Remonter le fil des émotions

APPRENDRE À IDENTIFIER le chemin que prennent nos émotions, ce qui les déclenche, comment elles se diffusent, ne demande que quelques semaines d'attention. Avec le temps, vous affinerez vos perceptions et vous pourrez les réorienter rapidement.

Considérez, au début, qu'il n'y a pas d'émotions justes, vraies, correctes ; mais simplement celles que vous ressentez. Sans les juger, en observateur objectif. À quoi pensiez-vous voilà quelques instants, avant de commencer la lecture de ce livre ? Que ressentiez-vous ? Qu'avez-vous remarqué ou entendu autour de vous ? Qu'en avez-vous déduit ? Et quelles émotions ont été déclenchées ?

Ou encore : repensez aux émotions que vous éprouviez voilà une heure. Amusez-vous à remonter à leur source. Quel a été le chemin suivi ? Quel a été l'élément déterminant ? Y avait-il une part de jugement ? Trouvez-vous que cette émotion est plutôt positive ou négative ?

Ressentez-vous toujours la même émotion dans la même circonstance ?

Amusez-vous, entraînez-vous à retrouver leur circuit. Vos émotions sont nées de pensées, de ce que vous avez vu ou entendu, d'une réflexion surgie de la mémoire, d'une association d'idées et non du néant. En connaissant leur chemin, vous pouvez les orienter.

Un jour, j'écoutais un jeune ministre à la télévision. En l'observant attentivement, je constatai qu'il tremblait en répondant aux journalistes. Il avait *peur* de se tromper, d'être *mal vu* par les autres ministres, que la presse *se moque* de lui, ce qui provoquerait une *humiliation* et il se le *reprocherait.* Il manquait *d'entraînement* et n'avait donc pas établi des « routines émotionnelles ». Il était *impressionné* par les caméras et les appareils photo. Il voulait donner *une bonne image* de lui, qu'on le trouve intéressant, intelligent, sympathique ; ainsi il perdait en naturel, en voulant *contrôler* ce que les autres pensaient et ressentaient.

Pour augmenter la confiance en soi, renoncez à l'image que vous aimeriez que les autres se fassent de vous, car elle est hors de votre portée. Tel que vous êtes, vous plairez à certains et moins à d'autres. Personne sur terre n'a jamais fait l'unanimité, vous ne serez sans doute pas le premier. Ainsi, cela fait baisser la pression. Vous pourriez même être un « sage » que vous déplairiez à certaines personnes.

Repensez à une situation où vous manquiez de confiance en vous et notez vos émotions. Pensez à une situation future et rajoutez ce qui peut augmenter la confiance en vous. Cela ne réussira sans doute pas la première fois, mais vous accélérerez le processus.

Émotions et décisions

PARFOIS, prendre une décision est un moment pénible. Cela provoque des doutes, des tiraillements, du stress. La peur de souffrir fait différer les choix. Ceux qui deviennent des leaders sont justement ceux qui peuvent prendre des décisions, affronter la critique, résister au non. Mais nous n'avons pas le choix : soit nous prenons nous-mêmes des décisions nous concernant, soit les autres ou les événements nous y contraignent. Nous prenons en moyenne 5000 mille décisions par jour, la plupart invisibles, simples, routinières. Mais quelques grandes décisions demandent de la réflexion, des conseils, des comparaisons.

Parfois, nous ébauchons un comportement en accord avec ce que nous voulons vraiment. Nous manifestons physiquement notre ressenti : nous secouons la tête, nous n'écoutons pas, nous bougeons les pieds, etc. En observant ces micromouvements, nous avons une idée de la décision que nous aimerions vraiment prendre. Contentez-vous d'observer au début, car les sensations sont très mélangées. Ce que nous craignons n'est pas la décision, mais ses conséquences éventuelles et l'élimination des autres options.

Lorsqu'une décision nous déplaît, nous pouvons rester bloqué pendant des jours, jusqu'à ce qu'il soit trop tard. Au lieu de se laisser emporter par le courant de la vie, autant s'orienter par soi-même. Parfois, nous évitons de réfléchir et nous nous laissons arrêter par des craintes illusoires. Lorsque nous décidons d'examiner les conséquences de chaque décision, la peur se réduit et les idées s'éclaircissent.

Pour prendre plus facilement des décisions, demandez-vous :
– les émotions que vous ressentez maintenant ;
– les émotions que vous voulez ressentir ;
– les émotions que vous allez ressentir si vous prenez telle ou telle décision.

Ensuite, décidez en fonction des émotions qui vous ressemblent, qui vous épanouissent. Pour enlever les freins, voyez ce qui vous empêche de prendre une décision : « Si je prends cette décision, voilà ce que cela risque de produire... et, dans ce cas, je risque de ressentir ceci... »

Étudiez plusieurs hypothèses, et examinez les conséquences de chaque hypothèse.
– « Si je ne prends pas de décision, voilà ce qui risque de se produire... et, dans ce cas, je risque de ressentir ceci... »

– « Ce que je veux éviter de ressentir ou de provoquer... »
– « Ce qui est le plus important pour moi... »

Mieux vaut être intègre avec soi-même. Il arrive qu'on poursuive des buts pour épater des gens qui n'ont pas cru en nous ou qui nous ont humiliés, pour leur prouver qu'ils avaient tort. C'est un combat forcené pour être à la hauteur de l'image que nous voulons avoir de nous-mêmes. Cela peut favoriser la réussite économique, rarement la réussite affective, mais à un prix très élevé : on peut s'apercevoir, une fois le but atteint, qu'il ne nous intéresse pas.

Il arrive aussi que la foi des autres nous rende du courage quand nous n'y croyons plus, ou que des paroles d'encouragement, prononcées des années plus tôt, soient un divin nectar dans les périodes de doute.

– Quelles sont vos motivations ?
– Pourquoi avez-vous entrepris ce que vous avez entrepris ?
– Qu'est-ce qui vous motive aujourd'hui ? Quels sont les aspects de la réussite que vous pouvez redéfinir ?
– « Quand j'étais petit, telle personne... m'a dit cela... Et j'en ai ressenti beaucoup de... »
– Quelle partie de cette émotion ai-je besoin de garder, pour me servir de moteur ?
– En étant franc avec moi-même, que puis-je actualiser ?

– Quels sont les rôles que me font jouer mes émotions ?
– Ce que je redoute de ressentir ?
– Ce que je redoute d'être ?
– Ce que je suis fier d'être ?

Cela permet aussi de se libérer des jugements négatifs injustifiés, que ce soit sur soi-même ou sur autrui. Et les jugements négatifs justifiés peuvent servir à progresser.

Ou encore :
– « Pour moi, ce serait un cauchemar si les gens s'apercevaient que… Et qu'au fond… »

Nous empruntons des rôles comme nous empruntons des costumes : parce qu'ils sont chics, élégants, qu'ils impressionnent et permettent d'être bien vus. Nous nous plaçons dans la position de la Victime, innocents de ce que nous déclenchons : la vie surgit devant nous comme le paysage à travers les vitres d'un train. Ou nous nous plaçons dans la position du Sauveteur, chargé de savoir à la place des autres ce qu'il convient de ressentir. Ou du Persécuteur, chargé de faire la police, dans l'intérêt d'autrui… bien sûr. Hélas, ces rôles nous séparent de nous-mêmes et nous bloquent à des stades archaïques de notre évolution !

Lorsque nous nous trompons, une petite voix intérieure nous le signale. Mais la plupart du temps, nous ne l'entendons pas, car nous avons pris l'habitude de l'étouffer sous de bonnes raisons… Les personnes qui se trompent moins que la moyenne sont souvent à l'écoute de cette voix. L'intuition est un mécanisme naturel, avant qu'il ne soit recouvert par des habitudes de pensée.

Pour retrouver cette petite voix et cette sensation, dites délibérément quelque chose de faux, en étant attentif à ce que vous vous dites (mentalement) et à ce que vous ressentez : la terre est plate, Alexandre le Grand vivait au temps de Clovis, les pyramides se trouvent en Alaska, les moutons ont cinq pattes, l'électricité a été découverte au Moyen Âge, on trouve des ours de couleur rouge, ou toute autre phrase de ce genre.

Puis, une fois que vous avez identifié le processus interne vous assurant qu'il s'agit d'une erreur, dites quelque chose de vrai : la terre est ronde, Alexandre le Grand vivait quatre siècles avant J.-C., les pyramides se trouvent en Égypte et en Amérique latine, etc.

Quelles sont les différences entre l'erreur et la vérité ? Quels sont les processus qui vous permettent de détecter ce qui est vrai (la terre est ronde) et ce qui est faux (la terre est plate). Nos connaissances mentales ont aussi leur traduction dans le corps.

Maintenant, repensez à une situation où vous avez fait un mauvais choix. Que ressentez-vous en y pensant ?

Et pour le futur : telle décision provoque telle sensation, telle autre provoque une sensation différente.

Si nous n'avons qu'une possibilité, ce n'est pas un choix mais une obligation, une impasse. Si nous avons deux possibilités, c'est un dilemme, provoquant de tragiques hésitations comme l'illustre le théâtre : choisir son père ou sa mère ? la justice ou son cœur ? l'honneur ou l'argent ? Dans ce cas, nous ne sommes qu'un interrupteur à deux positions.

Le choix commence à trois possibilités. En examinant nos décisions sous l'angle des émotions qu'elles provoquent, il devient plus facile de choisir. Parfois, nous devons accepter une émotion désagréable présente (faire un effort, remplir nos engagements) pour éviter une émotion future plus désagréable (se faire disputer, se sentir coupables) ou obtenir une émotion agréable (se sentir bien, recevoir des félicitations).

Lorsque vous vous sentez contraint d'emprunter une route unique, menant dans une seule direction connue d'avance comme un train électrique, passez au choix en créant d'autres routes, des gares de triage et des bifurcations.

On peut aussi accepter ce qui est. Par exemple, beaucoup de gens sont victimes de la météo, se plaignant s'il pleut ou s'il fait gris. Pourtant, si l'on veut vivre au soleil, il suffit de s'installer sur la Côte d'Azur… À quoi bon pleurnicher sur l'hiver ? Autant réduire l'impact que le temps a sur son humeur.

Introduisez beaucoup d'hypothèses :

- Que se passerait-il si je décidais cela ? ou ceci ? ou rien ?
- Quel est le pire qui puisse se produire et, en ce cas, comment réagirais-je ?
- Quelle est la plus petite chose, dépendant entièrement de moi, qui me ferait plaisir aujourd'hui ?

Les métaphores au service des émotions

POUR ÉLARGIR LES ÉMOTIONS les plus fréquentes, nommez-les. Nous connaissons mieux ce que nous nommons. Ce ne sont plus de vagues abstractions, mais des définitions, qui ont du sens et que l'on peut relier aux autres expériences. Patricia, une secrétaire de 36 ans, définissait mal ce qu'elle vivait. Les jours se ressemblaient, mornes et répétitifs, qu'elle soit avec ses enfants ou non, qu'elle soit seule ou avec son mari. Elle était très peu attentive à ce qui se passait dans son corps. Après quelques semaines, elle parvint à discerner qu'elle préférait nettement certains moments plutôt que d'autres. Elle introduisit quelques notions simples, telles que : « jour gris, jour rose, jour multicolore, jour de sourire, jour de joie », etc. Peu de temps après, elle s'aperçut qu'elle était devenue beaucoup plus attentive aux autres. Elle avait quitté le monde noir et blanc.

Pour les définir, choisissez vos propres mots, vos propres métaphores, même si ce ne sont pas les définitions officielles. Ce que vous vivez ne sont pas des théories, mais des expériences. Vous pouvez remonter aux métaphores qui servirent à définir les émotions, pour en créer de nouvelles, plus modernes. Jadis, par exemple, *atterré* voulait dire « être jeté à terre », *étonné* voulait dire « avoir reçu le tonnerre », *enthousiasmé* voulait dire « être en dieu, en extase », *anéanti,* « rendu au néant », etc.

En général, pour illustrer la colère, on évoque un liquide en train de chauffer, rouge comme le métal en fusion. Le sang va vite, la respiration s'accélère, le ton gronde. Les métaphores ne seront jamais tendres ni fleuries. C'est un tonnerre, la foudre, le volcan, l'incendie, le chaudron.

La peur va être blanche ou verte, indiquant l'effroi, l'immobilité. On ne gambade pas, on court comme des dératés. C'est la stupéfaction, la paralysie, la tétanie, l'arrêt de la pensée ou la fuite éperdue.

Le plaisir n'est pas statique : il dilate, épanouit, rayonne. C'est la tendre chaleur et ce qui est mou et tendre : le miel, le sucre, les couleurs pastel, les pétales de fleurs.

Ne cherchez pas de hiérarchie, ni de précision absolue : pour définir le ressenti, une métaphore approximative est souvent plus vraie qu'un mot savant. Tout le monde comprend des expressions comme : « ne pas avoir les yeux en face des trous, marcher à côté de ses chaussures, ne pas être dans son assiette ».

Testez la respiration des émotions : la colère est souvent associée à une respiration haute et saccadée ; l'amour à une respiration ample ; la peur au blocage de la respiration ; la tristesse à de longues expirations.

En modifiant la description de vos émotions, vous avez la possibilité de les diriger. La description agit sur le vécu, la définition change l'expérience.

- Par exemple : suis-je vraiment en train de bouillir ? D'être en ébullition et de déborder pour tout dévaster ? Ou simplement échauffé ? Cet incident justifie-t-il de me faire exploser ? Ou simplement de faire monter un peu ma température ?
- Suis-je effrayé comme une souris, gris de peur ? Ou simplement inquiet ? Alerté ? Cette pensée justifie-t-elle de m'effrayer à ce point ?
- Est-ce que je me sens comme une âme en peine, errant dans le purgatoire, ou plutôt comme un enfant privé de bonbon ? Cette réflexion justifie-t-elle que je vive des émotions grandiloquentes ou une sensation légère ?

En général, mieux définir les émotions permet de vivre les vraies nuances et non de grands blocs informes. Les choix étant plus riches, les réactions le sont aussi. En réduisant nos réactions automatiques, nous augmentons notre liberté.

Certaines émotions évoquent le rejet, la distance, les atteintes à l'intégrité physique ou l'entente, la bonne adaptation. Parfois, ce sont des transcriptions imagées de ce qui se passe dans la tête ou le corps. Le langage est le reflet de nos perceptions internes et externes. Comme notre cerveau pense en images, nous traduisons en images la réalité, les concepts abstraits et les émotions.

Notez les expressions qui vous définissent, ou que vous pouvez appliquer à des proches. Remarquez l'émotion qui se cache derrière chaque métaphore.

Vérifiez dans votre vie si vous les ressentez :

- avoir une absence…
- se sentir abandonné, chiffonné, froissé…
- être hors de soi…
- avoir le moral à zéro, en berne, la tête dans le sac…
- être piqué au vif…
- le sang ne fait qu'un tour…
- de caractère orageux, bouillir de rage…
- en avoir plein le dos…
- étouffer…
- en avoir les nerfs tout retournés…
- la moutarde monte au nez…
- avoir le cœur gros…
- retomber sur ses pattes…
- rentrer dans sa coquille…
- ne plus pouvoir se contenir…
- jouer des coudes…
- regrouper ses forces, reprendre ses esprits…
- sortir ses griffes…
- être un renard, un loup…
- avoir les dents longues…
- être comme un coq en pâte…

- dépasser les bornes…
- se sentir nu ou tout petit…
- s'affoler…
- se sentir brisé, bloqué, embarrassé, libéré, confus…
- se sentir comme un chien dans un jeu de quilles…
- d'une humeur défensive…
- se sentir de trop ou à sa place…
- tétanisé, figé, fluide…
- inférieur ou supérieur, intimidé…
- avoir l'impression d'être mort ou de ressusciter…
- être d'une humeur de chien…
- avoir un caractère de cochon…
- un cœur d'artichaut…
- se sentir ouvert, écœuré…
- se faire du mauvais sang…
- avoir l'estomac noué ou une boule dans la gorge…
- se sentir comme un cheveu sur la soupe…
- serrer les dents…
- être traité plus bas que terre…
- vouloir disparaître sous terre…
- faire l'autruche…
- fondre de plaisir…
- être la mouche du coche… (se sentir importun)
- se prendre la tête…
- se sentir sur un petit nuage…
- avoir des ailes aux pieds…
- s'emporter…
- se laisser aller à son mauvais penchant…

- être estomaqué…
- se dépasser…
- être ébloui…
- Complétez avec vos propres métaphores, riches en couleurs…

Tout ce qui élargit vos perceptions est bienvenu : je me sens comme du chocolat mou, comme une boîte en carton, comme un ciel étoilé, comme le bourgeon qui cherche à éclore, comme l'animal dans son terrier, comme une feuille de papier, comme un point d'interrogation, comme l'oiseau sur la branche, comme la poule qui chante, comme le soleil de midi, comme la pierre qui roule, comme l'enfant qui naît ; je sens comme un parfum de nostalgie, etc.

Décrivez en images ce que vous ressentez. Ce que vous allez ressentir tout à l'heure, pendant le repas. Et ensuite, si vous mangez un gâteau, si vous buvez un café, si vous passez un coup de fil, si vous travaillez sur l'ordinateur, si vous recevez des clients… Testez des images inattendues, en utilisant celles qui vous plaisent : couleurs, formes, fleurs, tissus, paysages… Vous pourriez tenir pendant quelques jours un « carnet de métaphores » en vous amusant à noter d'une manière imagée ce que vous vivez sur votre agenda.

Quelles émotions caractérisent votre personnalité ?

LES ÉMOTIONS sont un langage : une famille conflictuelle parle le langage du conflit. Une famille chaleureuse parle le langage de la chaleur. Si vous connaissez plusieurs membres de la même famille, vous avez sans doute remarqué qu'ils ont une manière commune de réagir, des codes émotionnels. Selon toute probabilité, vous partagez avec vos parents une tendance à ressentir parfois les choses de la même manière. Comparez vos émotions avec les leurs, et voyez les points communs. Vous pouvez aussi vous demander (ou leur demander si possible) ce qu'ils ressentaient étant enfants.

En quoi ma façon de réagir est-elle semblable ? M'a-t-on déjà dit que je réagissais comme mon père, ma mère, mes frères et sœurs ?

Vous pouvez aussi, gentiment, les imiter, pour voir si certains de vos comportements correspondent aux leurs. Repérez le langage émotionnel que vous utilisez en famille, en couple, au travail, chez les commerçants, etc.

Les émotions jouent également un grand rôle dans la perception de nous-mêmes : très souvent, on se définit par ses émotions, à peine masquées : je suis une bonne nature (amour), travailleur (sérieux), mais toujours disponible pour faire la fête (plaisir, joie).

On définit aussi les autres par les émotions associées à leur comportement : cette femme a bon cœur (amour), elle a connu des malheurs (souffrance) mais est toujours à l'écoute des autres (amour).

Si vous deviez vous définir par vos émotions, que diriez-vous ? Trouvez-en au moins une dizaine, les plus fréquentes. Vous pouvez vous aider à vous définir :

- par ce que vous ressentez de vous…
- par ce que les autres ressentent de vous (ce qu'ils vous disent)…
- par ce que vous imaginez que les autres ressentent de vous…
- par les émotions qui vous semblent les plus naturelles, celles que tout le monde, d'après vous, devrait ressentir…

Par exemple : je suis à dominante affective, j'ai beaucoup d'enthousiasme, de ténacité (sérieux), avec une très forte proportion de joie, d'humour (rire, créativité), une bonne minorité de sérénité, un soupçon de colère, quelques aspects nostalgiques, etc.

Ou bien, 40 % de joie de vivre, 20 % d'inquiétude, 10 % d'enthousiasme, 10 % de peur, etc.

Ou encore : 25 % d'amour, 25 % d'humour, 25 % de sérieux et un certain pourcentage, à préciser, de spiritualité et de culpabilité. Associez-y des émotions...

Vous pouvez aussi vous définir selon des archétypes : 10 % de guerrier, 15 % de moine, 25 % d'artisan, 10 % d'artiste, 20 % de paysan, 10 % d'enfant, etc.

Ou encore, selon des symboles : 20 % de soleil, 10 % de fleur, 15 % de chocolat, 10 % de clé, 5 % d'horizon, etc.

Si cela vous semble abstrait, commencez à définir un de vos amis. « Alain est avant tout sympathique, serviable, courtois ; on peut compter sur lui (fiable, fidèle). La plupart du temps, il est de bonne humeur. Parfois, il lui arrive d'être préoccupé. Il est croyant et élève ses enfants dans le respect des autres. Sa personnalité me semble composée de..., de... et de... »

N'oubliez pas les exceptions, les moments où cette personne se comporte très différemment. Les minorités intérieures veulent aussi s'exprimer, parfois bruyamment... Parfois, on « ne se reconnaît plus », on ne « reconnaît plus » un ami, car c'est une période de crise ou de grande joie, qui révèle d'autres facettes.

Gardez une feuille de papier dans votre poche, et, durant 2 ou 3 semaines, dressez une carte de votre « composition émotionnelle ». Vous aurez sans doute besoin de tâtonner, de rectifier, en recopiant fréquemment la feuille. Gardez les anciennes feuilles, car votre perception risque de changer d'ici quelques semaines et vous pourrez comparer. Vous serez surpris de les relire 6 mois plus tard.

Si l'idée de vous appliquer des pourcentages vous déplaît, dessinez une fleur, dont chaque pétale représente un aspect de vous-même : un grand pétale pour la créativité, un pétale moyen pour l'impatience, un petit pétale pour la tristesse, un autre pour la sympathie, etc. Bien sûr, il ne s'agit pas de développer les aspects négatifs, mais de les remplacer par les émotions souhaitées.

Cependant, gardons à l'esprit que toutes nos émotions peuvent être utiles un jour ou l'autre. Il peut être très sain de ressentir de la tristesse en cas de deuil, de la colère en cas d'invasion, de la peur en cas d'incendie.

Vous pouvez aussi prendre un petit bout de papier, que vous scotchez sur votre téléphone. Inscrivez la qualité que vous voulez mettre en évidence dans la journée : humour, plaisir, cordialité, efficacité. Associez chacune de ces qualités à l'émotion la plus approchante. Pour développer l'humour : le plaisir de faire rire. Pour développer l'efficacité : satisfaction du travail bien fait, éviter le déplaisir des reproches. Pour développer la constance : plaisir de se sentir maître de sa vie. En décidant chaque jour d'insister sur une émotion à développer, vous serez agréablement surpris du résultat.

De si nombreuses émotions

CONSIDÉREZ LES ÉMOTIONS DE BASE : la peur, la colère, l'amour, la souffrance, le plaisir. Notez dans quels moments vous les éprouvez, ce qui les déclenche. Par exemple : j'ai peur d'être malade ; je suis en colère quand je vois le monde tel qu'il est ; j'aime les gens qui se dépassent ; je souffre quand je vis une injustice ; je suis heureux quand je pense à cet ami.

Puis, précisez les nombreuses nuances de ces émotions. Vous obtenez ainsi un tableau plus juste des émotions ou sentiments qui dynamisent ou freinent votre bonheur. Prenez le mot *émotion* au sens large, pour illustrer aussi le sentiment, le ressenti, ce qui se passe dans le corps, ce qui déclenche des comportements.

Pensez à une peur que vous aviez dans le passé (peur des fantômes, peur de rougir, peur d'échouer à un examen). Examinez le processus qui vous a fait abandonner cette peur : vous avez décidé que cela n'existait pas ou que cela n'était pas si important, ou que rien n'était si grave, etc. Peut-être avez-vous demandé conseil à un ami, qui vous a permis de trouver un nouvel éclairage à la situation. Puis appliquez ce même processus à une peur actuelle. Entraînez-vous plusieurs fois, en commençant par les petites peurs avant de monter en puissance.

Si vous estimez que la peur actuelle est justifiée, transformez-la en action : faut-il apprendre quelque chose, faire une démarche, demander de l'aide, avoir plus d'information ?

- ***Colère :*** rage, mécontentement, frustration… Même processus : demandez-vous quelles vieilles colères ont été abolies par le passage du temps. Beaucoup des colères actuelles seront sans doute périmées dans quelques mois.
- ***Souffrance :*** tristesse… Même processus.
- ***Amour :*** bien-être, joie…
- ***Plaisir :*** légèreté… Remarquez certains moments qui auraient pu, peut-être, vous mettre en joie et que vous avez négligés.

Faites la liste de vos émotions. Il y a plus de 400 mots pour les définir : léger, gai, serein, enthousiaste, morose, affligé, chiffonné, primesautier, d'humeur câline, maussade, affectif, impatient, fier, dégoûté, honteux, méprisant, jaloux, anxieux, tendre, amical, émerveillé… Vos mots sont les bons. Identifiez les moments de votre vie les plus marquants, en les associant à une de ces émotions. Par exemple :

- « La semaine dernière, ma collègue m'a fait une réflexion désagréable. » *Émotion ressentie :*

contrariété. J'ai modifié cette contrariété en me disant qu'elle plaisantait, que ce n'était pas si grave et qu'elle avait peut-être des soucis.

– « Le dernier film que j'ai vu m'a vraiment plu. » *Émotion ressentie : nostalgie.* C'était très agréable, je n'ai pas modifié cette émotion.

– « J'adore croiser la voisine, elle est si souriante. J'ai décidé de connaître la date de son anniversaire, pour glisser une carte dans sa boîte aux lettres. » *Émotion ressentie : sympathie.*

– « J'ai acheté un croissant ce matin, je me suis régalé. » *Émotion ressentie : plaisir.* J'ai décidé de m'octroyer ce cadeau de temps en temps, car je ne prends plus de sucre dans mon café.

– « J'ai enfin terminé de repeindre les volets. Mes enfants m'ont félicité. » *Émotions : satisfaction, soulagement.*

– « Après la douche, le matin, je me sens détendu. » *Émotions : plaisir du chat qui ronronne, bien-être physique.*

– « Ça y est, j'ai atteint mon objectif, j'ai perdu 3 kilos en un mois. » *Émotions : fierté, bien-être.*

Au long de la journée, notez les diverses émotions qui vous traversent. Les nuances enrichissent la vie. Si l'on n'a que 2 émotions : « bon, pas bon », on est un interrupteur. Si on a 10 déclencheurs, on est une voiture. Si on en a plusieurs centaines, on est un être humain.

Armand, un Parisien d'environ 30 ans, estimait mener une vie assez terne et solitaire. En observant ses émotions, il découvrit qu'il aimait principalement la nature et les randonnées. En élargissant ses perceptions, il découvrit que sa vie était plus riche qu'il ne le pensait : les chemins forestiers, les arbres, les animaux des bois, ses promenades solitaires devinrent plus intéressants. Peu après, il postula pour un emploi en province.

Sortir des traumatismes

SUBIR DES TRAUMATISMES, plus ou moins grands, est inévitable. Lorsqu'ils durent, ils peuvent se transformer en névroses. L'événement et l'émotion qui l'entourent sont figés et deviennent des certitudes. Ce qui était vivant, l'émotion, cette énergie physique, se fossilise.

Il est souvent utile de les revisiter, de les réinterpréter, pour remettre les émotions en mouvement, leur redonner vie. Nos traumatismes sont solubles dans le langage et souvent dans la *catharsis*, lorsque nous exprimons l'émotion refoulée. On peut aussi se demander quelles étaient les émotions entourant l'événement. Souvent, ce n'est pas l'événement lui-même qui crée un traumatisme, mais le contexte, si on ne comprend pas ce qui se passe, si on sent de la lourdeur ou de la gêne.

En proposant, pour le même événement réellement vécu, plusieurs émotions, nous émettons plusieurs points de vue, et ouvrons nos interprétations. Nous réduisons l'impact des émotions les plus pénibles.

Le deuil

Impossible d'y échapper, puisque c'est l'une des clés de la condition humaine. Le plus simple, c'est de le vivre, de l'exprimer. Il est sain d'être triste, plus ou moins longtemps. Inutile de fuir ou de refouler, puisque tout ce qui est refoulé finit par ressortir. Le problème surgit si le deuil dure des années. Maria souffrait d'avoir perdu sa mère… 20 ans plus tôt. Ce n'était pas une simple nostalgie, un regret immense, mais une tragique obsession ; elle se sentait victime du destin. Cela l'empêchait de s'épanouir, car elle se comparait toujours aux autres femmes qui avaient encore leur mère. Elle se sentait vaguement responsable de n'avoir pas su la garder. Protestant de sa gentillesse et de son manque de chance, elle en voulait aux autres. Après avoir attiré son attention sur le fait que nul n'avait la puissance d'empêcher la mort, elle s'orienta vers les bénéfices secondaires de sa culpabilité. En fait, elle ne voulait pas vivre, car elle avait l'impression que sa mère aurait dû le faire avant elle ; et comme sa mère était morte, elle devait aussi se priver de bonheur.

Le caractère absurde de certains raisonnements apparaît clairement : sur la base d'une émotion douloureuse, injuste ou incomprise, nous construisons des mythes, que nous renforçons par d'autres expériences, et qui finissent par devenir des réalités. Certaines pertes sont peut-être si douloureuses que nous devons vivre avec toute notre vie. Mais inutile d'en faire des prisons psychologiques.

Le désespoir

Proche du deuil prolongé, le désespoir enlève toute force. Le désespoir se produit souvent en plusieurs étapes : le sentiment de rejet, d'inutilité, de trahison ; des échecs développant le sentiment d'impuissance ; cela peut provoquer une dépression. On a vu des dépressions nerveuses durer des années. Il faut réapprendre les petits gestes, les petites attentions, les petits plaisirs de la vie quotidienne. Il s'agit d'une véritable rééducation, une renaissance. Jusqu'à retrouver la profonde énergie vitale. La consultation d'un médecin est importante, celle d'un psychothérapeute souhaitable. Pour l'espèce humaine, le désespoir n'est pas durablement crédible, puisque nous sommes programmés pour survivre à tout. À nous de colorier la vie pour lui donner le sens qui nous convient.

Le conflit

Voilà quelques années, j'avais une amie fascinante : chaque jour, elle vivait un nouveau conflit. Le lundi, c'était le buraliste ; le mardi, l'adjoint au maire ; puis son frère, le chauffeur de bus, tel employé. Évidemment, j'en riais. Je la surnommais « cocotte-minute » ou « pétarade chinoise » : toujours sur le point d'exploser. Au cours de nos conversations téléphoniques, j'étais sûr d'avoir droit à la relation d'un incident. J'avais beau lui expliquer qu'elle ne pouvait pas tomber systématiquement sur le mauvais coucheur, elle m'expliquait en détail à quel point ce conflit était justifié. Le temps passant, elle finit par se rendre compte que le conflit était en elle. On peut avoir un conflit, même fréquemment, mais tous les jours ?

Pour réduire les émotions liées au conflit, le choix est vaste : humour, rire, respiration, relaxation, chant, danse.

Si le conflit est très fort, vous risquez d'être emporté par l'émotion. Assurez-vous d'abord que ce conflit est justifié et que le combat est indispensable. Parfois, le conflit peut s'avérer moins coûteux que de ruminer interminablement.

La frustration engendre la colère qui engendre le conflit. Remontez à la source : cette frustration est-elle justifiée ? Autant il est sain de défendre les vôtres, ou vos biens, autant il est absurde d'entrer en conflit pour des raisons de priorité routière, par exemple. Pendant quelques semaines, il pourra sembler fastidieux d'évaluer ainsi ses émotions avant de réagir, mais vous serez moins stressé.

Et de toute façon, nous le faisons déjà : nous acceptons plus facilement l'ironie de quelqu'un que l'on aime que d'un étranger ; nous acceptons les remontrances d'un patron, d'un conjoint, alors que les mêmes, venant d'un voisin, nous mettraient hors de nous.

Pensez aux gestes de la vie quotidienne : hygiène, repas, courses, déplacements, loisirs, rencontres, appels téléphoniques, etc. Sont-ils des contraintes ou des sources de plaisir ?

Souvent, l'*état d'esprit* dans lequel nous faisons les choses peut les rendre plus légères ou plus pesantes. Nos émotions ne sont pas des fatalités. Sans espérer vivre uniquement ce que l'on souhaite vivre, on peut en influencer une bonne part.

Parfois, devant des contraintes (ce que nous faisons à contrecœur), nous avons l'impression d'être devant une montagne. Nous cherchons à reculer le moment de nous y mettre, nous traînons et, enfin, nous nous résignons, de mauvaise grâce. Résultat : c'est encore plus difficile. Lorsqu'une corvée est repoussée, elle finit par nous encombrer l'esprit. Nous y pensons, nous avons mauvaise conscience ; plus nous la différons, plus elle grossit. Souvenons-nous de la seule manière de « manger un éléphant » : une cuillerée à la fois. Un pas à la fois.

Repérez ce qui vous pèse dans la semaine : passer un coup de fil qui peut déclencher un conflit (réclamer une dette, refuser quelque chose...) ; mettre ses comptes au propre ; réparer tel appareil ; répondre à une administration ; faire telle course, etc.
– Ce que je me dis en pensant à cette « corvée »...
– Ce que je me disais juste avant...
– Ce que je me dirai après l'avoir achevée...

Au lieu d'être concentrés sur l'émotion provoquée par la corvée, nous portons l'attention sur l'émotion qui sera ressentie quand celle-ci sera effectuée.

La physiologie des émotions

POUR RESSENTIR UNE ÉMOTION, il faut en général se dire quelque chose, voir quelque chose, entendre quelque chose ou penser à quelque chose. Elles produisent différentes sensations dans le corps : froid, chaleur, tension, crispation, détente. La respiration se modifie : plus rapide, plus lente, plus ample, plus courte. Augmentez ces sensations pour mieux les identifier. Vous constatez sans doute qu'un aspect est plus important que les autres. Utilisez-le comme signal d'alarme : « Quand je sentirai la chaleur sur mes joues, je serai en alerte… Quand ma respiration deviendra un peu haletante, je devrai me méfier… Quand mes mains seront moites, cela voudra dire que j'ai peur qu'on me mente… »

Nous vivons des émotions en fonction de nos croyances, qui produisent des habitudes de pensée. Cela forme des filtres, qui colorent les événements.

Pensez à vos 3 chansons préférées. Quelles émotions déclenchent-elles ? Chantonnez pour intensifier ces émotions : joie, amour, romantisme, nostalgie, etc. Pourquoi celles-ci sont-elles agréables ?

Pensez à vos 3 romans préférés, à vos 3 films préférés, à 3 amis, à 3 bons moments. Quelles sont les émotions contenues dans ce qui est, pour vous, le meilleur de la vie ? Ou le plus significatif ?

Comparez ce que vous ressentez dans deux situations opposées : ...m'a rendu furieux / m'a enchanté. Comparez aussi la même situation, qui, selon votre humeur, vous a laissé indifférent, vous a énervé, vous a amusé...

Ou encore : racontez une journée banale de façon passionnante ; décrivez un objet ordinaire comme si c'était une merveille, etc.

Vous pouvez aussi comparer avec les 3 chansons les plus affreuses, les 3 pires films, les 3 mauvais moments, 3 personnes que vous n'aimez pas. Ou lisez le journal d'un ton guilleret, déclamez solennellement la composition d'un paquet de biscuits ; testez la joie, l'enthousiasme, l'impatience, la fébrilité, la tendresse, etc.

Cela permet d'être à l'écoute de votre ressenti, pour éviter en partie les situations désagréables. Plus important, cela permet d'identifier les émotions qui vous freinent. Par exemple, la peur de souffrir d'un non va interdire de demander ; la peur d'une humiliation va faire éviter le conflit ; la peur de la frustration va empêcher le désir. La plupart du temps, ces freins ont été mis en place voilà longtemps, on peut les revisiter un par un pour voir s'ils sont encore utiles aujourd'hui.

Nos croyances ne sont pas objectives. Nos émotions encore moins. Élargir son royaume est toujours possible, dès maintenant. Un bon déclencheur est de se dire : « Fais-le tout de suite. » Ainsi, nous nous débarrassons en priorité des petites corvées. Un de mes amis dirigeait une librairie employant sept personnes. Chaque matin, en arrivant, il traitait les problèmes : commandes litigieuses, rupture de stock, relances des fournisseurs et autres préoccupations. Ainsi, vers 10h30 ou 11 heures, il avait l'esprit libre et était disponible pour ses clients. Il avait l'impression d'avoir fini son travail, le reste étant du plaisir.

Autre exemple : une cliente vivait dans un capharnaüm. Elle souffrait de « rétentionnisme », ce travers qui consiste à tout garder. Sous prétexte que « ça peut toujours servir », bien des gens vivent dans des débarras. Elle décrivait les piles de journaux, les placards débordant de vêtements, etc. Je l'orientai vers ce qu'elle ressentirait lorsqu'elle aurait récupéré son espace vital. Elle transforma sa répugnance à jeter en plaisir de trier et de jeter. Chaque objet était remercié d'avoir été utile, puis éliminé si les chances de s'en resservir étaient faibles. Finalement, en un week-end, en se répétant plusieurs fois : « Fais-le tout de suite », elle descendit 15 grands sacs-poubelles.

Les choses qui nous encombrent, physiquement et psychologiquement, ne sont pas si nombreuses. S'alléger est à notre portée. Ce ne sont pas les corvées qui nous pèsent, c'est notre habitude de les repousser au lendemain qui les fait grossir démesurément.

Une amie, Anne, détestait téléphoner. Ce qui tombait mal… car une grande partie de son travail nécessitait des prospections téléphoniques. Elle s'engagea à passer 10 coups de fil par jour, le plus rapidement possible, pour éviter les frustrations dues aux rejets ou aux appels n'aboutissant pas. Elle ne laissait pas au découragement le temps de l'envahir.

Être refusé est une expérience plutôt désagréable, mais inévitable quand on propose quelque chose. Les gens ne sont pas disponibles ou pas intéressés, ou n'ont pas d'argent, etc. Souvent, le refus fait plonger dans des sentiments infantiles, d'abandon, de rejet, d'être négligeable. Une façon rapide d'y échapper est de se dire : « Fais-le tout de suite », et de passer aussitôt à autre chose.

Jacques, commercial, fut encore plus habile. Il étudia son agenda des 6 derniers mois, et constata qu'il essuyait environ 15 refus par semaine pendant ses démarches. Il décida d'obtenir ces 15 refus le plus rapidement possible, en multipliant les rendez-vous. Il atteignit rapidement 20 refus, puis 25… et, en proportion, beaucoup plus de contrats qu'auparavant.

Visualisation et mise à jour des émotions

SOUVENT, nos émotions sont déclenchées ou intensifiées par notre imagination. Nous envisageons des situations futures, qui vont déclencher des émotions. Notre cerveau utilise parfois des subterfuges pour nous induire en erreur et nous affaiblir, et parfois pour nous donner de la force. Certaines personnes se gâchent la vie en imaginant des catastrophes, les leurs, celles de leurs proches ou même celles d'inconnus. Pourquoi ne pas utiliser cette prodigieuse capacité d'imagination pour renforcer sa propre puissance ?

Vous pouvez visualiser vos émotions dans votre corps : ce sont des courants d'énergie, de couleurs diverses, plus ou moins rapides ; ou bien des nuages plus ou moins pesants, qui se déplacent ; ou des pierres, des nœuds, du bois ; ou encore des pétales, des étoiles, des reflets, des ondulations plus ou moins intenses ou légères.

Fermez les yeux et imaginez que vous pouvez voir vos émotions à travers la peau, comme des masses qui évoluent dans la gorge, la poitrine, le plexus, l'estomac ou le bas-ventre. Elles émettent peut-être un son et se transforment sous l'observation. Ou encore, elles changent de couleur.

Imaginez que vous puissiez vous voir de l'extérieur, qu'on vous ait filmé pendant un mois et que vous visionniez ce film. Imaginez que vous êtes devant votre téléviseur. Soyez attentif non pas à ce que vous faites, mais à ce que vous ressentez quand vous le faites : travail, activité, promenade, discussions, etc.

Vous pouvez ressentir des émotions différentes pendant les mêmes activités. Pourquoi ce qui était désagréable hier est agréable aujourd'hui ? La même personne est de bonne compagnie ou détestable. Tondre la pelouse était un vrai bonheur, alors que cela a été une corvée fastidieuse. Faire ses courses était un plaisir enfantin, au lieu d'une pesante obligation. Se rendre chez le dentiste était un soulagement, et non une inquiétude.

Oui, nous influençons nos émotions. À la limite, on peut dire que le monde extérieur est neutre. Nous le colorons en entrant en contact avec lui. À part certaines situations très pénibles (fatigue, cumul de problèmes, santé, etc.), la plupart des situations sont gérables. Et même dans les situations pénibles, des éclaircies se produisent. Nous avons à notre disposition un coffre aux trésors, dont nous extrayons ce qui nous semble adapté. Quelques émotions viennent de l'extérieur, mais nous pouvons agir sur la manière dont nous les « filtrons ». Nous ne sommes pas impuissants, condamnés à subir. Nous sommes libres, responsables d'une bonne partie de ce que nous ressentons. Pensez à des personnes souvent colériques, déprimées ou hostiles : vous pouvez identifier les émotions dont elles sont la proie. De même si, vous pensez à des personnes gaies, avenantes, positives. Visualisez-vous en train de ressentir l'émotion souhaitée... et vous la ressentirez au présent.

Autre avantage : en récupérant la télécommande de vos émotions, vous réduisez les risques de vous faire manipuler.

Une question permet de les identifier : « Comment est-ce que je sais que je sais ? » Cela permet de remonter à la structure de la connaissance, sans prendre de raccourci abstrait. Ce raccourci reviendra, plus précis qu'auparavant.

Par exemple : Comment est-ce que je sais que j'ai ressenti un profond bien-être ce matin, puis une contrariété quand j'ai vu ma voiture couverte de givre, et une autre quand je me suis assis sur le siège glacé ; puis le plaisir de la chaleur envahissant mes pieds, mes oreilles, la buée se dispersant, etc. Ce qui se passait dans mon corps, dans ma tête, ce que je me disais... Je sais que je sentais le bien-être parce qu'il se passait telle chose dans mon plexus, ma respiration, mon ventre, etc.

En identifiant mieux, vous réduirez les moments où vous direz : « Je ne sais pas ce que j'ai » ou « je ne sais pas ce qui m'a pris ».

– Hier, mes émotions dominantes étaient celles-ci… Et je sais que je les ressentais car voilà comment elles se manifestaient dans mon corps et mon esprit…
– Cette semaine, j'ai surtout ressenti… Et je sais cela parce que…
– Le mois dernier, mon émotion dominante a été… ou les émotions principales ont été…
– Celles que je m'attends à ressentir dans les heures qui viennent… et comment je saurai que ce sont bien les émotions que je ressens…
– Celles que je souhaite pour demain, la semaine prochaine, le mois à venir…
– Et, cerise sur le gâteau : que puis-je faire pour ressentir cela ? Est-ce que cela dépend d'autres personnes, ou seulement de moi-même ?

Ne compter que sur soi offre beaucoup plus de liberté. Certains font dépendre leurs émotions de conditions extérieures : si j'étais riche, si mes enfants travaillaient mieux en classe, quand je n'aurais plus ce rhume, si j'étais plus belle, si j'avais 20 ans de moins, etc. Chercher une satisfaction conditionnelle, c'est souvent, perdre son temps. Sauf quand on se met en route pour atteindre ses buts (les satisfactions qu'on vivra en atteignant ses buts).

L'histoire de sa vie

IMAGINEZ MAINTENANT que vous racontiez votre vie, non pas en fonction des événements vécus, mais en fonction des émotions. Celles que vous ressentez le plus souvent, celles qu'on ne peut, d'après vous, éviter. J'aime beaucoup cette méthode, car elle est souvent amusante et très puissante. En personnifiant vos émotions, vous les transformez en personnages, dotés d'une vie propre, qui représentent les différentes facettes de votre personnalité.

Exemple : C'est l'histoire d'un petit *Joyeux* né par un beau soleil d'été. Il a été *Choyé* par ses parents, *Envahissante* et *Distant.* À l'école, il a *Aimé* ses camarades et, par deux fois, *Souffert d'Injustice.* Il *Aimait* dessiner. Souvent *Puni* pour indiscipline au collège, il est devenu *Populaire* grâce à son impertinence. Malgré ses *Ennuis,* il a continué à étudier. Son rêve était de *Connaître* les gens, de *Découvrir* des paysages nouveaux, de *Vivre des Expériences* spirituelles. Il est resté *Farceur* et, parfois, *Méditatif.*

Sur ce modèle, comment raconter l'histoire de votre vie ?

Variante : imaginez que ce sont les émotions qui parlent. Au lieu d'être une personne ressentant des émotions, ce sont des émotions habitant une personne.

« Moi, la *Colère*, j'ai pris possession de mon domaine, Élodie. Maintenant je vais l'énerver contre le temps qu'il fait, puis je l'énerverai à midi quand elle fera la queue pour déjeuner. » Mais soudain arrive *Sourire* : « Moi, *Sourire*, j'ai pris possession d'Élodie, très satisfaite de rencontrer Sébastien dans le hall. Je vais la faire sourire pendant plusieurs minutes, pendant qu'ils échangeront des nouvelles. » Une autre émotion, *Chagrin*, veut s'introduire, mais est repoussée par *À l'Aise*, quand Élodie arrive en chantonnant chez elle.

– Si les émotions étaient des marionnettistes, lesquels seraient-ils ? Qui souhaiterait me faire bouger selon ses intérêts ?
– Mes émotions sont-elles celles que je choisis ou celles qu'on me suggère de ressentir ? Ai-je parfois l'impression que quelqu'un m'empêche de ressentir ce que je ressens vraiment ? Combien de temps cela dure-t-il ?
– Quelles étapes me permettent de retrouver mon autonomie ?
– Ce que je me dis…

Quelques émotions archaïques

NOS ÉMOTIONS sont souvent associées à des traits de caractère. Elles n'évoluent pas toujours harmonieusement. Nous pouvons avoir des comportements adultes, d'autres enfantins, voire puérils. Certains aspects sont sages, d'autres ludiques, d'autres consciencieux. Pour faire face à de nombreuses situations, notre personnalité est composite.

Remontons vers la source de ces traits de caractère. Un ou plusieurs incidents ont parfois fixé une interprétation de la réalité, ce qu'on appelle une *croyance*[2]. Avec le temps, les croyances deviennent des évidences. Et nos émotions se fixent autour de ces évidences, parfois dans le passé. Ce qui explique qu'un grand directeur si austère puisse se retrouver petit enfant face à sa femme, ou démuni comme un petit garçon devant une situation incongrue. Ou encore qu'une femme timide puisse devenir une lionne pour défendre ses enfants.

---

1. Voir *Maîtrisez vos scénarios de croyances*, du même auteur, Éditions Jouvence, 2004.

Examinez la liste suivante et, mieux encore, complétez-la. Cherchez les contre-exemples, les moments où les choses ont été différentes, les exceptions. La même cause n'entraîne pas nécessairement les mêmes effets. L'humeur du moment, la satisfaction, l'interprétation changent le contexte. Se renverser l'assiette sur les genoux n'est pas pareil en famille ou pendant la grande réunion annuelle des employés. Arriver avec un veston taché à un entretien d'embauche ou en famille déclenche des émotions différentes. Dans de nombreuses situations, nous disposons d'une marge d'appréciation, parfois considérable. Pourquoi ne pas élargir cette marge ?

En revanche, si vous avez l'impression que certaines émotions se reproduisent souvent, sans raison, peut-être avez-vous un « facteur favorisant », une attitude qui suscite ces réactions. Inutile de culpabiliser, ce serait contre-productif. Simplement, notez si vos réactions sont prévisibles, si vous êtes un livre ouvert. Puis demandez-vous ce qui se passerait en réagissant différemment. Nos émotions atteignent une masse critique, deviennent autonomes et se diffusent dans différents domaines de notre vie.

Par exemple : En cas de conflit, au lieu de... je vais... ou... ou... (3 options minimum). Imaginez aussi plusieurs variantes des réactions des autres, ce qu'ils vont répondre, comment vous allez réagir. Même si cela ne se déroule pas exactement comme vous l'avez prévu, un des scénarios que vous imaginez se rapprochera sans doute de la vérité.

– Si on me fait une remarque désobligeante, au lieu de…, je vais… ou… ou…
– Si je suis victime d'une injustice…
– Si je me sens frustré…
– Si je me sens intimidé…

Aidez-vous des émotions les plus fréquentes de votre vie, dont vous avez fait précédemment la liste. Testez vos nouvelles réactions quand l'enjeu est faible.

Passer d'une émotion négative à une émotion positive

LA DÉFIANCE : quand quelqu'un se méfie de vous, ce que vous ressentez, et si vous estimez que c'est justifié ou injuste ; ce que vous pouvez faire pour rétablir la vérité.

Ou bien, quand vous n'avez pas confiance en quelqu'un, sur quoi vous basez-vous : intuition, mauvais pressentiment, malaise inexpliqué, préoccupations ou pensées parasites, sans raison apparente. En général, l'inconscient en sait plus long que le conscient.

Remplacez par une autre émotion, qui vous permet de rester vigilant, de faire confiance sans vous laisser abuser, par exemple : « défiance progressive » ou « confiance relative » ou « communication en état d'alerte ». Soyez attentif aux signaux que vous percevez. Notez les contradictions. Utilisez vos émotions pour déjouer les manipulations.

Être pris pour un idiot : se sentir négligé inférieur ; dans tous les cas, c'est une sensation désagréable. Si vous le pouvez, ne fréquentez plus ces gens qui vous prennent pour un idiot. Si vous êtes obligé de les fréquenter, reprenez-les, d'un ton calme et ferme, chaque fois qu'ils vous manquent de respect. Il vous faudra peut-être quelques semaines pour les former à la nouvelle façon de vous parler. Persévérez.

Être respecté. Pensez aux moments où l'on vous respecte. Ce que vous exprimez pour susciter le respect. Comment les gens qui vous connaissent vous respectent-ils ?

Recevoir des ordres, inutiles ou injustifiés, ou sur un ton désagréable : demandez des explications, ou plaisantez. Si ce n'est pas possible, expirez pour changer d'émotion. Nous sommes amenés à faire de temps en temps des choses absurdes et pourtant intelligentes et indispensables : s'arrêter au feu rouge alors qu'il n'y a personne, refaire le classement déjà fait, nettoyer ce qui a déjà été nettoyé. Si ces ordres inutiles ou injustifiés occupent un petit pourcentage de notre temps, soyons philosophes. Ne perdons pas notre temps en rancune ou récriminations.

Se sentir désapprouvé. Observez l'émotion que vous ressentez : est-elle claire ou avez-vous des sentiments mélangés ? Êtes-vous sûr de votre choix ? Êtes-vous sûr de désirer les émotions que vous allez ressentir après ce choix ? Après qu'adviendront les conséquences de ce choix ? Si vous êtes en accord, tout va bien, vous pouvez persister dans ce choix.

Se sentir désapprouvé par ceux que l'on aime : examinez si, au fond... ils n'ont pas en partie raison. Les personnes qui vous aiment vous veulent, en général, du bien. On reconnaît ses amis au fait qu'ils disent la vérité, même quand ça ne plaît pas. Ils peuvent désapprouver nos choix.

« Si ce sont de vrais amis, que voient-ils que je ne vois pas ? »

Se sentir harcelé par des demandes incessantes : chacun connaît la légendaire ténacité des enfants, des mouches et des moustiques. Si un adulte vous harcèle, si vous ressentez un malaise parce que vous ne savez pas dire non, différez la réponse en annonçant que vous ne le ferez pas ; vous dites non fermement en souriant, sans donner d'explication ; vous avertissez qu'à chaque demande, vous ferez un geste absurde et insolite ; et faites-le. Par exemple, quand des télévendeurs m'appellent, je réponds aussitôt : « Je ne suis pas du tout intéressé, je vous remercie de votre proposition et vous souhaite bonne chance pour vos activités, au revoir et bonne journée ! » La communication dure quelques secondes.

Être agressé sans raison : défendez-vous ou, si c'est impossible, offrez-vous un cadeau en consolation : une promenade, un massage ou un bain en écoutant de la musique. Vous devez effacer le plus vite possible cette agression pour éviter la rancune. Choyez-vous, soyez bienveillant avec vous. La plupart des petits plaisirs de la vie sont gratuits ou coûtent une somme modique.

Être traité de fainéant alors que vous avez fait votre travail : demandez des explications. Affichez d'une manière visible ce que vous faites dans la journée. En général, quand on rend évidents les mécanismes d'oppression ou les rapports de force, ils peuvent s'aggraver provisoirement mais s'atténuent ensuite. Le stress d'exprimer une émotion est bien moindre que de ressasser et de se ruiner la santé. La plupart du temps, une minute ou deux suffisent pour dire ce qu'on a sur le cœur, alors qu'on peut ruminer pendant des années… sans résultat.

Être forcé de changer de méthode, sans raison apparente. Si c'est dans le cadre du travail, inutile de vous sentir humilié. Il se peut que les dirigeants aient une vision globale, qu'ils ont négligé d'expliciter. Parfois, un policier vous ordonne de faire un détour, il n'y a pas de choix. Ou la banque vous demande de combler votre découvert. En revanche, si quelqu'un vous conseille quelque chose qu'il ne fait pas lui-même, prudence. Vérifiez ce que vous ressentez et exprimez votre point de vue, même s'il n'est pas applicable.

Être l'objet de remarques désobligeantes : vérifiez si votre interlocuteur a l'habitude d'abaisser les gens et, si c'est le cas, dites-lui qu'il ne faut plus vous parler comme ça. Si c'est juste une fois en passant, laissez tomber. Chacun a le droit d'être de mauvaise humeur à l'occasion. L'important est de ne pas autoriser les autres à vous traiter mal.

Être obligé de reconnaître ses torts alors qu'on a raison : cela peut se produire, dans les rapports de force. Racontez l'anecdote en riant ou, si c'est trop difficile, offrez-vous un plaisir pour compenser. Vous méritez le meilleur !

Si vous devez vous excuser malgré vous, exagérez votre déférence pour rendre dérisoires vos excuses.

Se sentir mal à l'aise, à cause d'un détail (mal coiffé, tache sur un vêtement, blague qui tombe à plat...). La honte ou la gêne ressentie est souvent disproportionnée par rapport à sa cause. Le plus simple, c'est d'éclater de rire ou de blaguer. Si ce n'est pas possible, faire un geste comme pour effacer, en disant : « On efface tout. » Si l'émotion négative persiste, déclenchez une suite d'émotions plus favorables, en bougeant rapidement. Ou en vous répétant très vite : « Rien ne compte, tout compte, rien ne compte, tout compte » ou une autre phrase de votre choix. Vous pouvez aussi vous répéter une phrase tirée d'une chanson : « Ah, quelles sont jolies les filles de mon pays... C'est une maison bleue, accrochée à la colline... Il est libre Max, y'en a même qui disent qu'ils l'ont vu voler... » Ceci permet d'occuper l'esprit, le temps que les émotions se modifient, ce qui prend quelques secondes.

Florent se sentait souvent mal à l'aise quand son directeur s'adressait à lui. Il se rendit compte qu'il avait peur de se faire disputer, se sentait vaguement coupable. Cela provoquait une colère sourde, il se montrait méfiant et distant. En sondant ses camarades, il découvrit que plusieurs collègues vivaient la même chose, le directeur faisant pression en permanence.

Peur de l'ironie : Jean-Luc avait peur d'un de ses collègues, qui le blessait par ses sarcasmes. Il lui en voulait, ce qui posait problème car ils travaillaient sur des projets communs. Autrement, celui-ci était plutôt sympathique. Je lui expliquai que, peut-être, son collègue cherchait à établir une communication. Une partie de la population cherche à communiquer par l'humour et peut blesser sans le vouloir. Il fallait s'en assurer. Je suggérai à Jean-Luc de voir son collègue en tête à tête ; de dire le bien qu'il en pensait (assez peu de choses !) ; d'exprimer son sentiment sans faire de reproche, à savoir qu'il vivait assez mal ses réflexions ; et de demander qu'elles ne soient plus faites en public à l'avenir. Après un instant de surprise, son collègue accepta la proposition et la peur disparut.

Peur de ne pas comprendre ce qu'on vous dit : la sensation d'être bête est autant absurde que pénible. Autant demander des explications. Et si l'on ne comprend pas, admettre que l'autre s'exprime mal. En cas de doute, prendre des notes. La peur de ne pas comprendre vient en général dc l'ancienne panique de l'enfant que l'on interrogeait trop durement ou qui avait peur qu'on se moque de lui. Rien ne nuit plus à la mémoire que la peur.

La plupart du temps, quelques mouvements suffiront pour changer d'émotion. Si ce n'est pas possible, dites que vous en prenez note et que vous y réfléchirez. D'ailleurs, en cas de gêne, l'expression : « Je vais y réfléchir et je vous ferai part de mes commentaires ultérieurement » peut vous sauver la mise. Ou encore : « Je ne m'attendais pas à cette réflexion et je vous ferai mes commentaires plus tard. » Quand vous n'êtes pas sûr de vos réactions ou d'une décision à prendre, exprimez votre désir de « réfléchir ».

Affronter le mensonge ou la calomnie : fulminez en cachette, pour ne pas prêter le flanc à de nouvelles attaques. En public, feignez l'indifférence. Sauf si cela vous revient aux oreilles : dans ce cas, exigez de savoir qui a répandu la rumeur, plaignez-vous auprès de la hiérarchie, annoncez votre intention de porter plainte. Si vous êtes victime de calomnies, soyez en alerte, car on cherche peut-être à vous évincer. La rumeur se répand dans l'ombre, la lumière l'effraie. Cherchez la bonne personne qui pourra l'arrêter.

Porter un masque. Il est parfois indispensable de porter un masque en société. Mais pas à nos propres yeux. Identifiez ce qui provoque le malaise. Êtes-vous vraiment obligé ou est-ce une habitude ? Cette habitude est-elle encore justifiée ? Le prix intérieur (santé, équilibre, paix de l'esprit) en vaut-il la chandelle ? Quelle est l'émotion ?

En revanche, si vous vous sentez souvent en porte-à-faux, vous n'êtes peut-être pas au bon endroit. Changez de milieu, de travail, d'environnement, cherchez de nouvelles relations.

Être placé devant le fait accompli : en général cela provoque frustration, impuissance, énervement. Si cela arrive rarement, cela n'a peut-être pas d'importance. En revanche, si une personne a l'habitude de vous traiter ainsi, exprimez-vous jusqu'à ce qu'il soit clair que vous ayez été entendu. Si la personne le refait, insistez lourdement. Comme la plupart des gens n'aiment pas les conflits, si vous en provoquez pour une bonne raison, l'autre personne risque d'éviter de vous placer devant le fait accompli. Transformez la frustration en revendication ou, mieux encore, en proposition de dialogue. Si vous avez affaire à un manipulateur, campez sur vos positions et n'argumentez pas, ce serait du temps perdu.

Être pris en flagrant délit de forfanterie : il peut arriver qu'une personne se vante ou prétende quelque chose qui s'avère faux. Si elle est démasquée, les émotions sont alors la gêne, la honte, le désir de disparaître sous terre. Mieux vaut reconnaître aussitôt sa vantardise, plutôt que de s'enferrer. On peut aussi blaguer sur sa gêne.

Être très perfectionniste : contrainte, obligation, sentiment d'urgence, culpabilité, se sentir incompétent : une femme cadre supérieure s'attendait toujours à être prise en flagrant délit d'erreurs. Cela la poussait à faire beaucoup d'efforts et à vérifier plusieurs fois de suite les documents. Ce qui permet de réduire l'angoisse, c'est d'estimer le nombre de vérifications indispensables. En général, deux fois suffisent ; les fois suivantes ne permettent pas de soulager l'anxiété ; au contraire, cela peut se transformer en trouble obsessionnel. Inutile de vérifier dix fois que le gaz est bien fermé ou que le dossier ne contient aucune faute d'orthographe.

J'applique en général la règle des « 90 % » et cela suffit. J'ai vérifié les épreuves de mon livre deux fois, je suis sûr à 90 % qu'il n'y a plus de fautes… Je passe dans telle émission de télé, si je suis bien à 90 %, ce sera parfait… J'ai eu une conversation sérieuse avec un ami sur tel sujet et nous avons abordé au moins 90 % de ce que je voulais dire… J'ai fait faire ce travail et je suis satisfait à 90 % du résultat… Le service et le repas de ce restaurant étaient bons à 90 %. Ma nièce a été polie à 90 %…

En général, je suis proche des 100 %, même si j'accorde une marge humaine. Alors pourquoi cette règle ? Parce que passer de 90 à 100 ne demande pas 10 % d'efforts supplémentaires, mais 50 % ou plus. La première heure de travail de la journée n'est pas égale à la treizième. Demander que sa maison soit propre à 100 %, cela voudrait dire laver les murs et les plafonds. Avoir une maison propre à 90 %, c'est déjà formidable. Ou encore : être organisé à 90 %, avoir rangé ses placards à 90 %. Loin de prôner l'approximation, cela permet d'être efficace d'une manière réaliste.

Essayez cette règle pendant quelque temps en faisant le bilan des choses qui vous agacent depuis longtemps : « Mon fils a rangé sa chambre à 90 %, le voisin ne fait plus de bruit à 90 %, le travail de cette personne me satisfait à 90 %, ma vie me convient à 90 %, je suis satisfait de mon physique à 90 %...»

Si vous êtes encore plus perfectionniste, appliquez-vous une règle des 97 %. Aller au-delà me semble vain, sauf en ce qui concerne les machines, évidemment, où nous exigeons 120 % de qualité !

Se sentir impuissant : chaque fois qu'il rencontre un conflit, Paul se sent incapable de réagir. Il fuit, se soumet ou enrage, et cette rage l'empêche de réagir. Deux possibilités : le conflit est justifié, subjectivement bien sûr. Dans ce cas, le conflit ouvert et non larvé peut permettre d'exprimer l'émotion, si l'enjeu mérite cet effort. Si le conflit n'est pas justifié, dans ce cas, autant passer à autre chose.

Si vous pouvez vous exprimer, faites-le. Sinon, attendez des jours meilleurs. Renoncer à contrôler le monde ouvre la porte de la sérénité.

Sensation d'être fatigué de vivre : souvent, cette lassitude vient… de la paresse intellectuelle. Comme on refait toujours la même chose pour ne pas quitter sa zone de confort, on se sent de moins en moins vivant.

L'ennui, la fatigue de vivre servent de signal pour découvrir d'autres chemins. Loin d'être négatif, l'ennui nous indique que nous sommes allés au bout de l'expression d'une facette de notre personnalité et que d'autres facettes réclament de s'exprimer. La fatigue de vivre survient alors qu'on a fait des efforts démesurés, sans en être récompensés. Souvent, on s'est trompé de but, on a dépensé de l'énergie pour se mentir à soi-même. Heureusement, on peut reprendre la barre, à tout âge. Que faire pour renouveler son goût de vivre ? Égayer ses émotions en introduisant du nouveau. Prenons la responsabilité d'aérer la routine. Aide-toi et le ciel t'aidera !

– Ce que je peux faire d'inattendu, de différent, aujourd'hui…
– Une personne que je peux rencontrer…
– Une action improvisée à faire cette semaine…
– Une surprise à faire à quelqu'un…
– Quelque chose qui me ferait plaisir et que je diffère depuis des mois…

– Le domaine dans lequel j'aimerais me cultiver…
– Une activité, une attitude à tester…

La frustration et le sentiment d'oppression : Michel se sentait toujours opprimé ; par sa mère, qu'il s'obligeait à appeler chaque jour ; par sa femme, car il se sentait obligé de se justifier. En fait, ce sentiment n'était pas d'actualité. C'était un souvenir d'enfance, quand ses parents mettaient des freins à sa liberté et se montraient intrusifs. Quant à sa femme, elle n'était pas du genre curieuse et ne lui posait jamais de questions sur les gens qu'il rencontrait. Comme il lui en parla, elle répondit que son travail l'amenait à voir des dizaines de personnes chaque semaine et que, si elle devait être jalouse, ce serait un bon moyen de se gâcher la vie. Finalement, il parvint à identifier ce sentiment d'oppression chaque fois qu'il se produisait ; cette frustration, cette oppression qui s'exprimait souvent sous forme de colère, venait de l'intérieur et non de l'extérieur. Il put ainsi l'accueillir et la transformer.

Accueillir et transformer sont nos deux outils de base. Une technique simple pour ne plus se laisser envahir : accepter ce que vous ressentez. « Tiens, cela me reprend… C'est cette bonne vieille émotion, la même, en plus petite, que quand j'étais enfant. Bonjour et au revoir… » Cela enlève la charge, en la rendant familière et inoffensive. « Ah tiens, c'est mon souvenir de colonie de vacances qui revient, c'est la scène de mes 6 ans, c'est le jour noir du collège ! » Soyez indulgent : reconnaître ce qui se passe en soi enlève 50 % de son impact négatif.

Le rêve déçu et la sensation d'échec. L'émotion est souvent le mécontentement de soi-même. On s'en veut de n'avoir pas été à la hauteur de ses ambitions. Bien des rêves d'adolescence sont une compensation à l'obligation d'étudier et de travailler, et une ivresse provoquée par la découverte de la liberté.

Introduire dans sa vie ce qu'on voulait à l'origine. Tel ami, qui voulait devenir chanteur de rock, est devenu formateur. Un autre, artiste dans l'âme, est devenu animateur pour enfants et dans les clubs de vacances. Une commerçante donne des cours de yoga le lundi.

Quelle était l'émotion souhaitée dans mes rêves d'enfant ? Que puis-je faire (quelque chose qui dépende de moi) pour obtenir cette émotion ?

Cette méthode est souvent la plus adéquate pour régler la frustration et l'insatisfaction. Au lieu de se cantonner à la forme du rêve, on revient à son contenu.

Vous en savez suffisamment pour transformer d'autres émotions qui ne vous conviennent plus : le sentiment d'abandon ou d'inutilité, la sensation de ne pas être écouté, de ne pas être aimé, d'être rejeté, d'être dépendant, de se sentir floué ou trahi, de se sentir usurpateur, trop petit pour sa tâche ou pour l'image que les autres ont de soi.

Pour chacune des émotions, se poser les questions :

– Est-ce vrai ? Est-ce exagéré ? Est-il vrai que je suis abandonné ? Par qui ? Toujours ? Et ce que je peux faire pour y remédier ?
– Est-il vrai que je suis inutile ? Aux yeux de qui ? À cause de quoi ? Ce que je peux faire pour modifier cette perception ?

Développer des séries d'émotions positives

DEVENEZ LE CHEF D'ORCHESTRE de vos émotions. Choisissez 5 ou 6 émotions que vous voulez vivre dans la journée, et commencez à les ressentir. Certaines sont plus accessibles, d'autres s'enchaînent mal. Rectifiez jusqu'au résultat. Vous pouvez vous aider en vous souvenant de films ou de livres qui ont procuré les émotions souhaitées. Par exemple, tel personnage se sentit compris, tel autre était très serein, fier, courageux, etc. En nourrissant votre inconscient d'autres idées, vous élargissez vos possibilités.

Après quelques exemples, vous pourrez développer celles qui vous plaisent.

Se sentir compris. Pensez aux moments où vous avez senti une profonde compréhension de votre partenaire. Puis ancrez (enregistrez) cette expérience en lui donnant un nom : « coucher de soleil en Grèce », « glace au chocolat du printemps », « être au chaud pendant la pluie d'hiver », etc.

Se sentir approuvé, aimé, écouté : retrouvez les moments où cela s'est produit... et ce qui justifiait ces émotions... ce qui peut les justifier à l'avenir...

L'impatience devient sérénité : comment le calme est revenu quand vous avez compris que, finalement, le motif d'énervement n'était pas fondé...

Augmenter le plaisir : quelqu'un vous a fait plaisir ou l'inverse : ce que vous avez ressenti... et ce qu'a ressenti l'autre personne...

Multiplier les surprises agréables : vous avez fait une surprise à quelqu'un ou l'inverse. Ce qui est nécessaire pour reproduire cette émotion... Ce que vous pourriez faire aujourd'hui ou cette semaine...

Fierté : être félicité pour son travail, recevoir une récompense, être applaudi... La récompense prend d'innombrables formes chez les humains : paroles agréables, vêtements spéciaux, médailles et décorations diverses, nourriture, photos, citations... Puisque la preuve est faite que c'est efficace, depuis des millénaires, autant se l'appliquer à soi-même. Je connais un expert-comptable qui, avant d'entrer dans l'énorme travail du premier trimestre de l'année, quand les comptes de tous ses clients sont achevés, affiche devant ses yeux sa future récompense. Quand les années sont bonnes, il punaise au-dessus de son ordinateur quelques photos du pays de ses prochaines vacances. Quand les années sont moyennes, il met en photo le vêtement qu'il s'offrira ou les billets du spectacle qu'il va s'offrir avec sa femme quand son travail sera terminé. La « carotte » peut se révéler un excellent système... si on choisit soi-même la carotte.

Se complimenter soi-même. Repensez aux occasions, depuis ce matin, de vous complimenter, tout ce que vous avez fait de bien, les émotions positives qui en découlent... Repensez à toutes les raisons de vous féliciter, depuis un mois ou dans votre vie. Il ne s'agit pas de devenir prétentieux, mais au moins de reconnaître vos mérites.

Blaguer avec d'autres : l'état d'esprit précédant cet instant, et pendant... Avec qui vais-je pouvoir blaguer, aujourd'hui, ou dans la semaine...

Se sentir authentique, accessible, intime, en accord avec soi-même ou avec quelqu'un. L'expérience de la proximité avec une autre personne est parfois délicate. Avec qui vous sentez-vous intime ? Comment, peu à peu, un(e) inconnu(e) devient-il(elle) très proche ?

Développer la force, la détermination. Commencez par des exemples simples et augmentez la difficulté : « Je me sentirai déterminée quand j'irai à la piscine. Puis quand je demanderai à la vendeuse le produit que je ne trouve pas dans le magasin. Puis quand j'échangerai quelques mots avec mon voisin taciturne. Puis quand je dirai à Paul qu'il cesse de me traiter d'idiot… »

Se sentir à sa place. Cette sensation est un mélange de plusieurs émotions : contentement, pensées paisibles et paix de l'esprit, plaisir dans la cage thoracique et le plexus, bien-être dans le ventre. Les choses sont justes, tout se passe bien, il n'y a pas de heurts, vous faites ce qu'il vous convient : vous êtes à votre place. Pensez aux moments futurs où vous pourrez vous sentir davantage à votre place…

Avoir gagné : depuis longtemps, Marion voulait se débarrasser de son intoxication au haschich. Les arguments concernant sa santé et l'argent ne l'influençaient pas. Elle arrêta quand elle vit un reportage sur la terreur que faisaient régner les trafiquants dans les pays producteurs et chez les dealers des pays consommateurs. L'émotion « plaisir de fumer un joint » fut remplacée par le « dégoût d'enrichir des gangsters » puis par le « plaisir d'être libre ». Ce schéma est en général celui qui libère des dépendances : il faut remplacer le plaisir dangereux par un plaisir sain, associé à une plus haute valeur morale, une amélioration de l'image de soi et une satisfaction durable.

Pour développer d'autres émotions, observez vos amis ou des personnages de films, en ressentant ce qu'ils ressentent. Avec le temps, vous développerez votre propre code émotionnel. Vous pouvez aussi développer une suite d'émotions :

– Pensez à un moment gai, qui vous met en joie, un souvenir agréable ou un bon moment dans le futur.
– Observez ce que vous vous dites, ce que vous allez vous dire.
– Écoutez ce que vous allez entendre lors de ce bon moment.
– Observez ce que vous allez ressentir, ce que vous ressentez déjà à cette idée.
– Visualisez ce que vous allez voir à ce moment-là.

Très souvent, l'évocation de bons moments, passés ou futurs, suffit à amener un sourire sur nos lèvres. Focalisez votre attention sur ces enchaînements, qui vous permettront de sortir rapidement des émotions envahissantes ou paralysantes.

Déclencher plusieurs humeurs successives : humeur légère et chantonnante, humeur sereine, humeur confiante, enthousiaste. Passez de l'une à l'autre pour voir les différences, pour choisir la plus adaptée, et pour renforcer vos suites d'émotions positives.

Maintenant, testez 5 ou 6 émotions que vous voulez intensifier dans les jours qui viennent. Par exemple : Demain matin, je dirai bonjour à ma famille d'un ton joyeux (ou à moi-même, si je vis seul). Puis, je déclencherai une envie de rire en me brossant les dents et en faisant des grimaces. Ensuite, j'irai travailler d'un pas léger, comme si j'étais un touriste. Je saluerai mes collègues d'un ton cordial et je plaisanterai avec le plus blagueur d'entre eux.

Expression artistique des émotions

POUR RENFORCER VOS ÉMOTIONS, jouez-les, mimez l'enthousiasme, la satisfaction, l'amour et la colère parfois si amusante, puis passez à des émotions complexes comme la compréhension, la nostalgie. Si vous n'aimez pas « vous donner en spectacle », amusez-vous quand vous êtes seul : tapez des mains, sautez, exagérez comme dans un conte pour enfants. Faites le clown. Ou encore, dans un quartier où l'on ne vous connaît pas, discutez avec un inconnu, testez gentiment votre humour auprès des commerçants, trouvez un mot gentil pour le chauffeur du bus...

Développez d'autres facettes émotionnelles de votre vie : la curiosité, l'enthousiasme, la fébrilité ou l'impatience, le calme, la sérénité, le sourire facile, la clarté d'esprit. Et ce que vous avez envie de vivre, même des émotions qui, a priori, ne vous ressemblent pas. Pendant quelques semaines, testez tout ce qui vous passe par la tête (sans vous mettre en danger bien sûr). Ensuite, vos émotions se réorganiseront naturellement.

Vous pouvez aussi dessiner ou sculpter vos émotions ; ou si vous estimez manquer de talent, découper des images dans les magazines. Collez ces images sur une grande affiche pour illustrer ce qui vous fait du bien. Notre facilité à oublier est stupéfiante, nous avons besoin de rappels de temps en temps.

Ou composez une chanson ou un poème à votre gloire. Si c'est trop difficile, commencez en écrivant un poème pour un ami. Cela permet de moins se prendre au sérieux.

Vous pouvez aussi transformer vos émotions en chansons, une strophe pour chaque émotion principale. Souvent, c'est magique !

Imaginez aussi que vos émotions soient des personnages extérieurs et non des aspects de votre personnalité. Vous pouvez dialoguer avec elles, pour découvrir ce qui se cache derrière, leurs véritables intentions. Vous pouvez les apprivoiser, les amadouer, les intensifier. Par exemple : « Colère, que fais-tu pour moi ? Souffrance, que fais-tu pour moi ? Inquiétude, peur, souci ? Mais aussi : amour, tendresse, sympathie ? etc. »

La vie quotidienne devient un jardin où vous semez des émotions agréables. Soyez bienveillant envers vous-même. Dites-vous tout le bien que vous pensez de vous. Si vous avez peur de tomber dans la vantardise, assurez-vous que vos actes sont en accord avec vos paroles.

Différentes façons d'affiner vos émotions

S'ENTRAÎNER DANS DES SITUATIONS concrètes. Développer d'abord le plus accessible, et vivre l'émotion choisie en l'intensifiant légèrement. Par exemple :

– Rencontrer une amie en vivant l'émotion que l'on a décidé de vivre : « Jamais, elle ne m'aura vu d'aussi bonne humeur. Je vais lui dire tout le bien que je pense d'elle. Je serai totalement à son écoute, très attentif. Je serai serviable et disponible. »
– « La prochaine fois que je répondrai au téléphone, je serai enjoué et poserai au moins 3 questions. »
– « Je me ferai un plaisir de sortir le chien. »
– « Je resterai de bonne humeur presque toute la journée. »

Améliorer l'image de soi. Rien ne nous oblige à conserver les mêmes travers. Décrire son caractère sur une feuille de papier, en utilisant au moins 30 qualificatifs. Puis, pour chaque mot évoquant un reproche ou un défaut, écrire à côté la qualité correspondante. Décider dans quels moments vous allez développer ces qualités. Par exemple : « Je suis gentil… honnête… fainéant… » À côté de fainéant, marquez travailleur. Trouvez un petit travail en instance et faites-le dans l'heure. Cherchez chaque jour quelques moments pour développer le goût du travail. Nourrissez et arrosez les émotions que vous voulez voir grandir…

Améliorer sa respiration. Par exemple, toucher discrètement votre plexus en cas d'émotion violente. Respirez comme un petit chien, en haletant ; ou expirez très lentement par la bouche. Si vous le pouvez, étirez-vous puis inspirez à fond.

Dès que vous êtes seul, riez. Vous pouvez aussi vous préparer en riant avant d'affronter une situation de stress. Testez des expirations courtes par saccades ou des inspirations rapides, pour voir ce qui vous convient le mieux.

Améliorer la confiance en soi. Faites comme tous les leaders, entraînez-vous. Faites la liste des moments où vous manquez de confiance en vous, puis faites-vous un programme pour les 3 prochains mois. Soyez indulgent, même si vous mettez un an pour le mener à bien.

Continuer à raconter ses émotions comme une histoire, comme si vous étiez juste le véhicule de l'émotion. Exemple : ce matin, *Bonheur* s'est levé. Il a embrassé *Grand Bonheur* (son bébé) et

Amour Confiance, (sa femme), mais ce matin *Amour* était un peu *Énervée* car, pendant la nuit, elle avait rêvé de *Préoccupation*. Elle n'avait pas envie de *Sourire*, et *Bonheur* fut *Contrarié*. Aussi, quand il est parti voir *Sécurité* (son travail), il a emporté dans ses poches la petite pierre de la *Colère*, la démangeaison de l'*Inquiétude*, avec pourtant le *Sourire* dans le cœur. En arrivant sur le lieu de son travail, il salua *Bonne Humeur* (le boulanger) et *Bougon* (son collègue). Il reçut aussitôt un appel de *Mécontent* (un client) et, peu de temps après, un appel d'*Éclat de Rire* (un autre client). Vers midi, il déjeuna avec *Gentille* (Julie) et *Sérieux* (Kévin).

Sur ce modèle, amusez-vous à raconter votre journée ou votre visite chez les beaux-parents, ou vos courses au grand magasin, etc. Après quelques exercices, vous constaterez sans doute que certaines émotions reviennent plus souvent ; que des personnes ou des situations suscitent certaines émotions. Et surtout, vous pourrez déterminer comment les réorienter. Préparez-vous à affronter les situations de stress et prévoyez une situation agréable juste après. Un de mes amis, un commercial, invite toujours sa femme à dîner chaque fois qu'il a signé un contrat. Ainsi, il mesure mieux l'intérêt du stress de son travail… et cela contribue à le réduire, à le « recouvrir » d'une émotion plus favorable.

Maintenant, racontez vos émotions principales comme des personnages, en relation avec d'autres personnages : quand *Colère* (Sylvie) a compris que *Dur* (Sébastien, le patron) n'allait pas lui donner l'augmentation promise, elle s'est transformée en *Rage*, volcan explosif. Elle est allée de bureau en bureau déverser la *Plainte*, les *Récriminations*, avant de rencontrer *Calme* (Audrey). *Calme* (Audrey) lui a demandé d'expliquer tranquillement ce qu'il s'était passé. S'agissait-il d'un *Quiproquo*, quand deux personnes expriment une *Émotion* qui semble jumelle, mais qui est fausse jumelle, provoquant ainsi une *Confusion* ? Ou d'une *Frustration* due à un *Plaisir* qu'elle n'obtiendrait pas ?

Cette approche permet souvent de se focaliser sur la structure des émotions, et non sur leur aspect déplaisant.

Transformer les émotions cachées

CERTAINES ÉMOTIONS, qui nous semblent répréhensibles, se dissimulent derrière d'autres, plus présentables. Au lieu de s'avouer certains ressentis, trop négatifs, nous les déguisons. Un peu comme la pilule amère, dorée au sucre. C'est ce mécanisme de dissimulation, de refoulement, qui explique que les délinquants s'estiment victimes d'une injustice. Ils se mentent pour protéger l'image de soi, leur ego ou leur vanité. À les entendre, c'est la faute de la société, de leur entourage, mais guère la leur. Sans aller aussi loin, nous préférons, comme les mauvais cuisiniers, dissimuler nos erreurs sous une bonne couche de sauce… Il arrive qu'on s'enfonce soi-même en niant les évidences, en exprimant une mauvaise foi conquérante.

Il est utile de reconnaître l'émotion de base, authentique, derrière le masque, ne serait-ce que pour soi-même ; inutile de faire une confession publique. Dire ses défauts peut affaiblir (sauf si l'on veut avoir des relations intimes). Mais on évite ainsi de s'enferrer dans des voies sans issues : car à force de justifier les fausses émotions, nous renforçons les « moches » qui sont dessous. L'important est de ne pas être dupe de soi-même.

Trouvez au moins un exemple personnel, et chez quelqu'un d'autre. Évoquez des situations précises, non des généralités.

– *La jalousie* se cache souvent derrière les grands principes moraux, je l'ai remarqué quand… Exemple : « L'autre jour, une amie a dit que Jean-Paul était bel homme. J'ai répondu que c'était normal car, avec son emploi du temps léger, il avait le temps de faire du sport et qu'il n'avait qu'un enfant. En réalité, ce que j'ai vraiment ressenti, c'est une jalousie absurde, car je ne suis pas en concurrence avec lui. En refusant de lui reconnaître une qualité, j'ai eu l'air mesquin. J'aurais mieux fait d'approuver, puisque c'est vrai. »
– *La méchanceté* se cache sous des apparences calmes, ou même la générosité… (utilisez aussi l'expression : « je l'ai remarqué quand… »)
– *L'intérêt* se cache sous des bonnes paroles…
– *La colère* se cache sous la gentillesse…
– *La frustration* se cache sous la colère…
– *La honte* se cache sous la colère, la gentillesse, la culpabilité…
– *L'hostilité* se cache sous des flatteries…
– *La paresse* se cache sous des promesses…
– *La culpabilité* se cache derrière l'indifférence…

– Le mensonge peut servir à protéger l'image de soi, notamment quand…, ou bien dissimuler un engagement non respecté…, ou encore… Le mensonge étant l'un des pires poisons de l'existence, autant ne pas se l'administrer à soi-même.
– « Ai-je déjà eu l'impression que j'affichais une intention positive, alors que ma vraie émotion était très différente ? Dans quelles circonstances cela se produit-il, avec qui ? Qu'est-ce que j'attends de ce comportement ? Quelqu'un s'en est-il aperçu ? Qu'est-ce que j'ai ressenti ? Comment mieux m'en sortir la prochaine fois ? Je vais reconnaître publiquement les qualités d'au moins 3 personnes cette semaine… »

L'inverse existe aussi, heureusement :
– *La tendresse* se cache derrière la frustration…
– *L'amour* se cache derrière la colère…
– *La gentillesse* se cache derrière la dureté…
– *La patience* se cache derrière l'impatience…
– *La générosité* se cache derrière l'avarice…

Trouvez d'autres exemples, et notamment les moments où, avec les proches, vous pouvez développer l'authenticité. Repérer vos véritables émotions sous celles qui sont affichées est sans doute le moyen le plus rapide d'être libéré des parasites. L'intérêt n'est pas de ressentir ce qu'il faut ressentir, mais ce que vous ressentez vraiment, pour développer la cohérence.

– Exemple : « La semaine dernière, quand Frédéric m'a fait une réflexion, j'étais plutôt contrarié. J'ai souri, mais au fond, j'étais furieux. Quels sont les autres moments où je me sens furieux alors que je souris ? (en remontant dans le passé, pour détecter les processus) »
– « Hier, quand Christine est arrivée dans le bureau, je me suis senti le cœur léger. Elle est si souriante. Mais au fond je suis mécontent, parce qu'elle m'embrouille et s'arrange toujours pour me faire faire son travail. Quels sont les moments où je me sens manipulé par la gentillesse ? »
– « Lundi, quand mon fils m'a dérangé, j'étais mécontent. Au fond, je suis heureux qu'il l'ait fait, cela m'a fait plaisir de discuter avec lui, je vais le lui dire. Quels sont les moments où je me montre bougon alors que j'ai envie d'être chaleureux ? »
– « Mardi prochain j'ai un rendez-vous très important. Je ressens une certaine appréhension, mais au fond c'est une victoire d'avoir eu le courage de prendre ce rendez-vous. Ma vraie émotion, c'est la fierté. Je mérite mes encouragements. Quels sont les autres moments où je peux me féliciter généreusement ? »

Être bienveillant envers soi-même est l'une des clés de l'épanouissement ; on se focalise sur les points à améliorer, on développe les qualités déjà visibles.

On ne va pas loin en se flagellant ; alors que, sous les vivats et les bravos, on escalade les montagnes. Le plaisir du sommet atténue les aspérités du chemin.

En choisissant plus souvent vos émotions, elles redeviennent de merveilleuses ressources d'énergie. Ce ne sont plus des perceptions incontrôlables, des fatalités déclenchées par l'extérieur ; mais des réservoirs de puissance personnelle, et parfois de sagesse, que vous initiez et orientez. Elles vous guident, vous réconfortent et vous apportent chaque jour une part de bonheur.

BERNARD RAQUIN

formateur et conseiller, organise des séminaires
de développement personnel

Site : **www.bernard-raquin.com**
Adresse : BP 168-05 – 75224 PARIS CEDEX 05

Du même auteur,
dans la collection « Pratiques »

Chaque volume : 4,90 € / 9 CHF

Du même auteur

Un Juif nommé Mahomet, Éd. Bernard Raquin, 2005
L'Analyse Transactionnelle au quotidien, Éd. Jouvence, 2004
La PNL au quotidien, Éd. Jouvence, 2004
Maîtrisez vos scénarios de croyances, Éd. Jouvence, 2004
Les styles de personnalité, Éd. Jouvence, 2004
Rendez-vous avec l'intuition (récit), Éd. Exergue, 2004
Ne plus se laisser manipuler, Éd. Jouvence, 2003
La réconciliation, Éd. Jouvence, 2003
Développez votre humour !, Éd. Dangles, 2003
Rire pour vivre, les bienfaits du rire, Éd. Dangles, 2003
Le jeu des vies antérieures, avec Marc Kucharz, Éd. Exergue, 2003
Pratique de l'auto-hypnose, Éd. Jouvence, 2002
Vous pouvez sortir de votre corps, Presses du Châtelet, 1996
Comment sortir de son corps, Éd. Trajectoire, 1994
Retrouvez vous-même vos vies antérieures, Éd. Trajectoire, 1990
Messages de l'après-vie (récit), Éd. JMG, 1990
La vie est ici (roman), Éd. Mots d'Homme, 1986
Jésus de Manhattan (roman), La Table Ronde, 1979 (épuisé)
Continent Chagrin (roman), Éd. Hallier, 1978 (épuisé)

Achevé d'imprimer sur rotative par l'Imprimerie Darantiere à Dijon-Quetigny en mai 2008 - Dépôt légal : avril 2005 - N° d'impression : 28-0743

Imprimé en France

IMPRIM'VERT
Votre imprimeur agit pour l'environnement

Dans le cadre de sa politique de développement durable, l'imprimerie Darantiere a été référencée IMPRIM'VERT® par son organisme consulaire de tutelle. Cette marque garantit que l'imprimeur respecte un cycle complet de récupération et de traçabilité de l'ensemble de ses déchets.